囚われのチベットの少女

フィリップ・ブルサール
ダニエル・ラン
今枝由郎 訳

TRAnsview

Auteurs: Philippe BROUSSARD, Danielle LAENG
Titre: "LA PRISONNIERE DE LHASSA"

本書を少女に捧げる

理の当然として安全が最初の障害だった。安全が優先課題であり、空想抜きに、想像に訴えることなしに抵抗運動を語ろうとするものを制約した。小説とか詩が、現実に即した語りほどには事実を描写できないというのではない。むしろ逆だと思う。しかし、私たちは恐怖のただなかにあり、鮮血のなかにいた。年代記の単純さ、記録の謙虚さを超える権利と力を感じなかった。

ジョゼフ・ケッセル『影の軍隊』序

一九四三年九月

はじめに

　この本はフィクションではない。ここに語られている闘争はすべて現実であり、フィクションと呼ばれる屈辱には耐えられない。

「囚われのチベットの少女」は実在する。それはガワン・サンドルという名の二十三歳の尼僧で、中国による祖国チベットの占拠に対する反対運動に携わっている。彼女は一九九二年に投獄され、二〇一四年まで釈放されることはない。

　一九五九年に中国に併合された〝世界の屋根〟（チベット）では、尼僧であれ一般人であれ、他にも独立を要求する女性たちがいる。にもかかわらず、なぜガワン・サンドル一人を取りあげたのか。なぜ彼女をチベット女性の代表にしたのか。それは監獄記録を調べた結果でもなく、彼女が現在チベットの政治犯としてもっとも長い懲役刑に服しているからでもない。他の誰でもなく彼女を取りあげたのは、なによりも彼女に典型としての価値を見出すからである。

　尼僧が進んで非武装抵抗のおもてに立つチベットで、滅亡の危機に瀕している民族の、英雄的かつ悲壮な闘争を、ガワン・サンドルは象徴しているのだ。

彼女はすでによく知られた存在だ。ドイツ、カナダ、アメリカで人権擁護団体が彼女のために活動しているし、フランスではチベット人支援委員会の要請で数百人の芸術家、政治家、スポーツ選手、知識人が、彼女の釈放を要求している。しかし彼女のこれまでの軌跡はヴェールに包まれている。西側諸国では、これまでに何度も延長された服役、中国の命令に対するたえまない抵抗といった、おおよそのことしか知られていない。残りの肝要なことは何も知られていないのだ。つまり、家族、少女時代、抵抗、服役中の生活、そして何よりも西洋人には複雑で理解しにくい非暴力、放棄、連帯といった仏教の信仰。

私たちは共産主義に対する自殺的とまでいえる執拗な抵抗の意味を、もっと知り理解しようとし、まず一九九九年に『ル・モンド』紙上に長文の記事を載せた。そして本書はガワン・サンドルの最初の伝記である。

目の前にいない人の肖像を描くとは！　一度も会ったことがない女性のことを話すとは……。それは野心的であると同時に、デリケートな仕事であった。どうしたら真実を語れるか？　ガワン・サンドルは謎である以上に、挑戦であった。私たちには事実を超える、つまりフィクション化する気も権利もなかった。横道にそれることは、彼女に対する、彼女の闘争に対する裏切りであっただろう。また彼女の人格に入り込んで、あえて一人称の「私」を使い、私たちの考えで彼女の選択、疑い、さらには信仰といったことを語るわけにはいかなかった。そこで一歩下がって、かつてない軌跡の恵まれた語り手となることにした。

幸いにして証人には事欠かなかった。友人たち、かつて一緒に服役した人たち、今まで誰にも打ち明けたことがない家族の人たち……。彼らは、声高に抵抗を叫ぶ少女から国民的英雄となった「彼らの」ガワン・サンドルを語ってくれた。また彼らは初めて、彼女の父親ナムゲル・タシに触れた。この気骨のある父親は、絶えず子供に決定的な影響を与えた。

証人たちは北西インドに住んでいる。ここは一九六〇年代の初めに、「有雪国」（チベットの美称）の精神的・政治的指導者であるダライラマが居をかまえてから、チベット難民の受け入れ地となっている。ヒマラヤ山脈の南麓に位置するダラムサラで、長時間にわたり彼らにインタビューすることができた。全員が彼女の肖像画にひとタッチを描き加え、彼女を語ることに貢献したがった。彼らはチベット人らしく、恥じらいながらも親切に、そしてなんらの見返りを要求することなく、インタビューに応じてくれた。この本は彼らの記憶、感動、感性、また当然のこととしてそれらの曖昧さの産物である。彼らはチベットにいた頃、投獄されたり拷問を受けたりしており、それを思い出すことは義務であると同時に苦しみであった。勇気を持って思い出すが、忘却と沈黙の源である苦痛を隠しさることはできない。

重要な情報であっても確認できない場合は、たとえ叙述に空白の部分ができようとも、それは利用しないことにした。この原則の唯一の例外は年月日である。それは証人の大半がチベットの太陰暦を用いているために、はっきりと確定することが難しいからである。しかし出来事の年月日には可能な限り正確を期した。いずれにせよ、この本で語られる出来事はすべて事実、事実そのものである。場面とか対話が直接の目撃者によって語られた場合、私たちは何も付け加えることなくそのまま書き留めた。多くの箇所はあまりの正確さで読者をとまどわせるかもしれないが、それはこの方法論に由来する。

かつての服役囚によって語られた服役に関することは、その激しさにおいてしばしば耐えがたいものがある。私たちはこれらの証人たちに執拗にくいさがり、場所、人物、状況を叙述してくれるように頼んだ。だから彼らが辛抱をきらし、私たちの好奇心を不快に思い、しつこく細部まで問うことを下品だと思ったとしても不思議ではない。しかし彼らはそうではなかった。反対に彼らは真実の追求に充全に参加した。私たちの作業の絶対条件を承知の上で、変わることのない愛情を誰もが抱いているこの尼僧に敬意を表わそうと、彼らはできうる限りのことをして、一人の一生をかたち作るいくつもの場面、感動、しあわせ、また悲しみのエピソードを、傷ついた記憶の中から呼び戻してくれた。

大半の証人に、この伝記編集作業に参加できるまぎれもない喜びと、ガワン・サンドルの闘争を支持したいという、揺るぎない意志が感じ取れた。もちろんいろいろな証言をつき合わせ、精製し、不確かなものは取り除かなければならなかった。しかしすべての証人との間に自然とできあがった友情の雰囲気のおかげで、この作業は非常に楽なものになった。ある面ではこの本は彼らのものであり、彼らの信頼の産物である。

ここにこの証人たちの名前を記して謝意を表わさないのは、当然のことながら彼らの身の安全のためである。チベットに残っている彼らの家族たちは、中国人から厳しい報復を受け尋問されるだろう。占領者はチベット人に関する本が嫌いなのだ。「帝国主義の嘘」ばかり、「プロパガンダ」ばかり……。この本はとりわけそうだろう。ガワン・サンドルはラサでもダラムサラでも誰もが知っているし、僧院でも彼女のことは引き合いに出され、頭を丸めた小坊主が彼女に続くことを夢見ている。

インドに亡命した証人に会い、何時間にもわたって彼らの話を聞くにつけ、私たちはこの小さな女性（彼女は一メートル五〇センチにも達しない）が、いかにチベット人にとって重要かが分かってきた。子供のころの家でもダプチの監獄でも、彼女にはいつも気骨と魅力、優しさと一徹さがあった。それゆえにこれから語る彼女の運命は、有雪国チベットの運命と切り離せない。いや、それ以上に、彼女はチベットを具現している。

囚われのチベットの少女＊目次

装幀　渡辺和雄

囚われのチベットの少女

1　一枚の写真（二〇〇一年）

まず、一枚の写真。これからの物語に欠かせない顔を提供してくれる写真（カバー写真）。娘はとても若く、まだ大人になっておらず、といってもう子供でもない。目は黒く、ほほえむこともなく立っている。少し大きすぎるこの制服を着た娘には、頑固さと抵抗心、強情、そして同時にどこかか弱さが見てとれる。上着もズボンも青である。ほとんど見えないが、肩から踝《くるぶし》まで黄色い縦縞《たてじま》が縫い付けてあり、制服のような感じがする。ここが監獄の中であることは明らかだ。右手には小さな灌木があり、陽のあたった壁は、家屋か、農家か、学校のものだろうか。しかし若い娘の取っているポーズ、カメラのレンズを見つめる眼差しで、彼女が囚人であることが分かる。彼女の目は哀れみも慈悲も何も求めてはいないが、一瞬一瞬の闘いが表われている。

ガワン・サンドルのこの写真の出所は不明である。同じ監獄にいた囚人が撮ったものだろうか、親切な看守だろうか。しかしもっとも可能性が高いのは、監獄当局が、そのもっとも有名となった「下宿人」をよく世話していることを見せるために撮ったものであろう。

でも、それはどうでもいいことだ。この写真は一九五一年来、中国に占領されているチベットの悲しみを表わしている。その意味でこの写真は、一九八九年の天安門広場で戦車に向かう北京のデモ行進者の世界的に有名な写真に通じている。幼い尼僧の抵抗は、同じ抗議精神、同じ孤独な闘いである。違うのは、ここでは抑圧を想像させるのに戦車などいらないということだ。見ればすぐ分かる。この一枚の写真がすべてを物語っており、決して屈することのない女の過去から現在までの足跡に、私たちを導いてゆく。

2　歴史の中の一家族（一九五〇—一九七八年）

西洋人なら運命と言うだろう。ガワン・サンドルはじめ仏教徒なら、過去の善悪すべての行ないの総和である、不可解な業《ごう》と言うだろう。しかし、どう呼ぼうと、どう象徴しようとかまわない。ラサの若い女囚の一生は、家族の歴史の結果なのである。その全容を知るには、彼女の出生（一九七八年末）以前にさかのぼって、自分の運命を国の運命と共にしてきた彼女の父親を見てみる必要がある。

父ナムゲル・タシは、中国が隣国チベットを占拠するために軍隊を派遣する一九五〇年十月、十五歳くらいだった。彼も六百万チベット人同様、戦後まもなく「有雪国」（チベット）に押し寄せてきた世界状勢など、おぼろげにしか分かっていなかった。チベットは、仏教で最高位にあるダライラマの精神的・政治的指導下にあり、外交的駆け引きや時の流れの外に生きていた。ダライラマ十四世はまだ青年で、摂政、閣僚、そして不易の砦ヒマラヤに守られ、世界の現実から隔離されていた。

しばしば高みの至聖所と称される「世界の屋根」は、決して完璧なところではなく、首都ラサには富と貧困が猥雑に同居しており、地方では多くの農民が地主の農奴と化していた。貴族と僧侶階級の一部は、チベットは永遠に神に祝福された国であると信じきっており、それ故にチベットは孤立し、攻撃されても助勢してくれる国はなかった。

共産主義者にとっては、いい助言者もなく、世界の動きにまったく無知なダライラマは、危険でも何でもなかった。彼らは、数世紀にわたって封建体制の下で生きてきた民衆を「平和解放」すると主張したが、「解放」とは、インド、ネパールの北に位置し、自然資源の豊かなこの国を併合することに他ならなかった。北京《ペキン》政府は正当化のために、チベットはかつて中国の一部であったと主張するが、これは偽りで、強力な隣国中国とは深い関係はあったものの、チベットは常に独立していた。

しかし毛沢東は、世界の誰も、この歴史の一点に関して抗議などしないことを心得ていた。フランスで、アメリカで、誰がこの遠い「有雪国」のことを心配するだろうか。事実、侵略者に手向かうのは東チベットの騎馬民族カンパだけであった。首都ラサの高みのポタラ宮殿に引きこもったダライラマとその側近は、調停の道を模索した。すべての仏教徒がそうであるように、非暴力主義者であるダライラマとその側近は、文化的・政治的な自治を保ちながら国を救えればと願っていた。彼らの判断はあやまりであった。

この顕著な階級社会で、ナムゲル・タシは、国じゅうでもっとも権力がある寺院の一つであるナムゲル寺院の領地の一部を管理する有力者であった。他のガンデン寺、デプン寺、セラ寺といった著名な寺院と同じく、この寺も一種の王国で領地と建物を所有していた。その精神的かじ取りは、創建者の化身――チベット語ではリンポチェと呼ばれる――が行なっていた。このリンポチェは、国務を預かるダライラマその人であり、それゆえナムゲル・タシは重要であった。彼は教養があり、その公正さ、学識、文法の知識で尊敬され、シガ（領地）の農民や作業人にいろいろな指示を与えていた。一九三九年生まれの妻ジャンパ・チョンゾムとの間には一男一女があり、ずっと妻の両親の家に住んでいた。

ガワン・サンドルの父、牡牛ナムゲル・タシ

ナムゲル・タシは他の有力者とも親しかったので、一九五一年以来少なくとも首都ラサで行なわれている平和共存が、長続きしないことを感じ取っていた。首都の民衆は東チベットでのカンパ騎兵の殺戮《さつりく》に憤っており、激怒は高まり反逆が迫っていた。それは一九五九年三月に爆発し、数日の間にチベットの歴史は動転した。

三月十六日から十七日の真夜中、ダライラマは兵士に変装し、頭に毛皮の帽子をかぶってラサ脱出に成功した。一九四〇年にドゴール将軍がフランスを後にしてイギリスに向かったように、彼は国外に逃れて亡命政府を打ち立て、外国からの援助を求めたほうが得策であると判断した。四百人の兵士が、二週間にわたって馬に乗り、ヤクにまたがってヒマラヤを越え、ネパールにそしてインドに着いた。彼の後を追って八万人の難民がガンジーの国に辿り着き、北西のダラムサラに落ち着いた。四十年以上経った二〇〇一年でも、彼らはまだ故郷に帰ることを待ち望んでいる。

若いナムゲル・タシにとっても、一九五九年の春は一つの時代の終わりであった。ダライラマは亡命し、中国人の支配が始まり、彼が寺の財産を管理していたときとはすべてが変わった。正確には分からないが、ノルプリンカ（ラサ郊外のダライラマの夏の宮殿）での激しい反中国デモに、彼が参加したことは間違いないだろう。この民衆の抵抗は、中国側、チベット側により数字が違うが、犠牲者が二千人とも二万人とも言われている。

彼は逮捕され、強制労働に送られ、ラサの東郊外のガチェンタンというところで二年間を過ごすことになった。それは一九五〇年以前のチベットを知った数少ない外国人の一人、オーストリアの登山家ハインリッヒ・ハラーが数年前に作った発電所を拡大する仕事であった。ナムゲル・タシがこの最初の服役をどう生きたか、どんな状態で拘置されていたかは分からない。しかしかつての囚人の証言から、当時の強制労働所とか首都ラサの監獄の様子は詳しく分かっている。

この一九五九年、ダライラマの「反動」政府を支持する「反動派」——ナムゲル・タシもその一人であるが——は、最悪の衛生状態の部屋に、二十人ほどがすしづめにぶち込まれた。彼らは土を耕し、駄獣と同じく鋤《すき》をひき、周りの丘の茂みを素手で抜かされた。また、石切り場でへとへとにさせられ、一日の規定量に達しないと、縛りつけられ鞭打ちにされた。仏教徒には一切の祈りが禁止された（これは、三十年間投獄された後、インドのダライラマの許に逃れて来た僧パルデン・ギャツォの証言。ガワン・サンドルの父親を知っていたパルデン・ギャツォは一九五九年にグッァの監獄にいた)。

ナムゲル・タシだけでなく、家族全員が共産主義に反対のかどで告発された。妻と二人の子供と一緒に住んでいた妻の両親の家は没収され、社会的な辱《はずかし》めとして羊小屋に住まわされた。やがて文化大革命（一九六六―一九七七年（訳註：原文では七六年））となり、もっとも厳しい抑圧の時代が来た。「旧体制」を象徴するもの――人、本、文化遺産、宗教――は追及され、知識人ナムゲル・タシは妻ジャンパ・チョンゾムとともに強制労働に送られ、妻の母はタムジン――公衆処罰――に晒《さら》された。タムジンでは、「反革命派」が処刑されたり、頭に帽子をかぶらされ、首にはプラカードをかけられて、公衆の面前に引き出され、集まった人々から侮辱され、時には殴る蹴るなどされた。年老いた妻の母はあまりにも惨い仕打ちを受けたため、死んでしまった。

若者は国を整備するために必要な夫役労働力であった。ナムゲル・タシと妻は「反動派」に忠誠というかどで告訴され、ツァラカンというラサの近郊にある鉱山に送られた。そこはどの監獄よりも人を消耗させるところであった。数年してナムゲル・タシはここから釈放されたが、彼はそのとき痩せて、顔はこけ落ち、つぎあてをしたボロ着を着ていた。この辱めでは足りないかのように、彼の十三歳の娘タムジン・ラモもドルン地方に強制労働に送られた（一九六九年）。彼女は、かつて、といってももうとっくの昔にだが、比較的裕福であったことの代償を払わされることになった。

同じく文化大革命中に、一家にとっては決定的な悲劇が起こった。ガワン・サンドルの証言者たちは、彼女が生まれる（一九七八年末）ずっと以前に起きたことではあるが、この出来事を強調した。それはこの家の長男リクジン・ゴンポの悲劇である。

中国の侵略の頃、彼はまだ十歳になっておらず、文化大革命の始まった頃にはやっと十五歳くらいであった。多くの若者と同じように、彼はほんのささいな手段と、英雄的な勇気で中国の専制に抵抗した。おそらく父親の愛国心の影響で、彼は若者の抵抗仲間に加わった。そこには彼の一番の親友セトルもいた。彼らはよく夜出かけて行き、政府の建物にビラを貼ったり、公の場の下見をしたりした。それは軍の目が光っているこの首都ラサでは、非常な危険を伴う活動であった。

ある夜リクジン・ゴンポが外出している間に、両親はラジオで身元不明の少年が兵士に殺されたのを耳にした。ナムゲル・タシと妻は、すぐには息子のことを思い浮かべなかった。しばらくして彼らは気がついた。中国人の銃弾に倒れたのは、息子リクジン・ゴンポである、と。数日後、彼の友だちセトルと同じ「チベットの若い虎」のグループと目された十人ほどが、人民広場で処刑された。彼らは勇気をふりしぼり、死の直前「自由チベット万歳！」と叫んだ。

この悲劇は今までの苦しみ以上に両親に大きな衝撃を与えた。以後、チベットがまだ独立していた時代に生まれたこの子供の死を忘れることは決してなかった。全部で男四人、女三人の子供たちは、この殉教者の思い出と自由チベット尊重の気風の中で育てられ、ナムゲル・タシは自ら命をかけてその道を示した。長く続く文化大革命の間、彼は信じられないほど残忍なタムジンに何度も晒された。狂気の毛沢東主義の紅衛兵に殴られ蹴られ、顔は血だらけになり、ほとんど意識を失った彼を、隣人が何度も家まで連れ帰った。

一九七〇年代の後半になると、夫婦の状況はめっきりよくなった。しかしかつての名士が、もとの身分を取り戻すことなどできなかった。時代が変わったことは、彼自身よく分かっていた。中国のチベット政策は、毛沢東の死（一九七六年九月九日）以後、よい方向に転じた。一九七八年十二月、一大政治転換が行なわれた。もう狂気の時代は終わった。改革派の時代だ！ラサに来る中国の指導者の中には、二十年来過ちが犯されたことを認める者すらあった。しかし亡命チベット人によれば、この過ちのせいで少なくとも百万人のチベット人が死んでいる。六千あった寺院は廃虚と化しており、紅衛兵は本を焼き、仏像を壊し、仏具を溶かして金を抽出した（『チベットの生死』〈ガリマール社、一九九〇年〉の中で、ピエール・アントワーヌ・ドネは、文化大革命時代のことを詳しく述べている。この本をお薦めする）。

北京はすべてを認め後悔さえしていた。しかし国益の前には自己批判にも限りがあり、少なくとも中国人の目には、国益はチベットを保持することであった（本書ではチベットという言葉を、歴史的なチベットの領土を指すのに用いている。中国人が「西蔵自治区」と言うとき、それは中央チベットを指している。辺境のアムド、カムの二地域は、この「自治区」の中に含まれていない。しかし歴史的には、この北と東の両地域はチベットである。事実、現在のダライラマは一九三五年七月六日にアムドのタクツェルに生まれている）。

チベットの自治を一層拡大し、発展を援助し、インドに亡命中のダライラマとも対話を持つのは許すけれども、独立は許されなかった。しかしラサの民衆が欲しているのは、まさに独立であ

ガワン・サンドルの最初のアパート、ジャムヤン・シャルの中庭

った。北京の指導者は、前任者の「誤り」がいかにチベットのナショナリズムを強化したか、文化大革命の間の残虐行為が、それまでまとまりのなかったチベット人をいかに一つに統一したかを理解していなかった。

ナムゲル・タシと妻の強制労働の苦しみが終わったのは、この緊張が比較的緩和し、ナショナリズムが強まったときだった。二人とも首都ラサの石切り場で苦労したので、今では優秀な石工であった。釈放されると、彼らはこの関係の仕事に就いた。

彼ら二人の給料で、今や二人の娘と三人の息子をかかえる大家族を養った。長女タムジン・ラモも、十年来の強制労働からまもなく戻ってくるだろう。もう一つのいい知らせは、街の聖地ジョカン寺から百メートルほどの、街のまん中に新しいアパートが見つかったことだ。アパートは一階で、広さは六メートル×四メートルと狭いが、夫婦は少しのもので満足するのに慣れていた。

この三階建ての建物は、かつてセラ寺に属していたが、一九六二年に中印紛争が拡大したときを想定して、中国人が没収したものである。戦闘を想定して、中庭には塹壕まで掘ってある！引っ越してすぐに、ナムゲル・タシはこの塹壕を埋め、それから暗くてあまり快適ではない一階の部屋をできるだけ整備した。蛇口は中庭にあった。二十四平米に四つベッドを入れると、台所にはもうあまり場所がなかった。狭いことは、しかし特別なことではなかった。つつましい家庭では、こうして一部屋か二部屋で生活するのが普通であった。ベッドの上に絨毯を敷き、その上に坐り、話し、縫い物をし、読書をした。だから居間も食堂もなく、毛布は毎朝畳み、夜寝るときに敷いた。

この新しいアパートでは、同じ建物に他の家族もいて、プライバシーを保つのは難しかった。子供たちは中庭で一緒に遊び、大人たちはお互いに招きあった。チベット人はおしゃべりで、いつも話題には事欠かない。ナムゲル・タシは誰よりもこうした共同生活が好きで、毛沢東時代の十年を経た後も、彼の陽気さは変わらなかった。教養があって、大声で、よく笑い、酒好きであった。ラモ（チベットオペラ）が好きで、歌がうまく、ダムニェン（三味線のような楽器）を上手に弾き、熱心に子供に教えた。

こうした夕べは、時としてチャン（チベットの地酒）を飲みすぎた隣の女の叫び声に邪魔されることがあった。兵士を亭主に持つ四十くらいの女は、飲みすぎると叫び出した。「共産主義政府に反対する奴がいるのを知ってるわ！　彼らが何をしでかすか見たいもんだ！」彼女があちこちのアパートを指さしたところで、誰も真剣に受けとめはしなかった。子供たちは面白がり、親たちもことさら心配はしなかった。彼女はこの建物の飾りの一つであった。不平ばかり言って、かえって同情される隣人のようなものだった。

しかし一階のアパートには、実際に独立派の夫婦が住んではいなかったか。「牡牛」はそれを隠そうともしなかった。彼は、頑固で、猛進する性格から、「牡牛」と渾名《あだな》されていた。優しい妻ジャンパ・チョンゾムは、無謀な抵抗の前線に倒れた長男の死を忘れることができなかった。二人とも、子供たちに国の悲劇的な運命と国を愛する心を教えるのに腐心していた。ことに牡牛はそれに全精力を費していた。強制労働もタムジンも、彼の信念を変えることはできず、かえって逆効果であった。彼によれば、この三十年におよぶ占領からの唯一の出口は独立であった。文化大革命の最中、自分の家族にも気をつけないといけなかった頃でも、彼は私的な場で自由チベットを主張してやまなかった。

さらに彼はダライラマの写真を持っていた。ダライラマがまだ経験を積んでいない青年の頃のモノクロ写真で、見つかればとんでもないことになるしろものであった。彼はそれをもっとも大事な像として大切に隠し持っていた。それは自分の子供たちがその顔に親しみ、その顔を彼らに覚えこませるためであった。緩和の時代になっても、彼がこの写真を取り出すと、子供たちは彼の周りに群がった。子供らしい小さな目を大きく開けて、中国人の手から逃れるためにヒマラヤを越えた青年の話に耳を傾けた。

牡牛ナムゲル・タシと妻のダライラマに対する愛情は、ほとんど信仰に近いが、彼らはチベット仏教でもっとも古い宗派（八世紀）ニンマ派に属していた。彼らの住まいの近くに、由緒あるミンドリン寺の出身で、リクジン――文字通りには「知恵の所有者」――という名のニンマ派の老師が住んでいた。彼の寺はラサの南、バスで七時間のところにあり、かつてはダライラマに極上の香《こう》を提供することで有名だった。ナムゲル・タシはこの老師を敬っており、子供が生まれるたびに彼にお伺いをたて、子供の名前を選んでもらった。いつも決まって自分の名前にちなんでリクジンで始まる名前であったが、父親は赤子に将来知恵が授けられる保証と受けとり喜んだ。こうして娘はリクジン・ドルカル、息子はリクジン・チョンペル、リクジン・サムドプ、リクジン・ルンドプと、リクジンが揃った。

一九七八年の暮、チベットの首都では寒さが厳しかった日、牡牛はまた老師の許に足を運んだ。この戊午《つちのえうま》の年、もう一人娘が生まれた。じきに建物の下で遊ぶ子供たちの仲間入りをすることだろう。老師はリクジン・チョンゾムと名づけた。またリクジンだ！　ずっと後に彼女が尼になり、沙弥《しゃみ》戒《かい》を受けたとき、別の名前をもらった。ガワン・サンドルである。

3　人生の二つの軸（一九八三―一九八七年）

　この少女は他の子供とどこか違っていた。両親は、彼女が不平を言ったり、泣いたり、わがままを言うのを見たことがなかった。ニンマ派の老師の「知恵」なのだろうか。しかし家の他の男の子も全員「リクジン」なのに、この界隈の裏通りであの子たちの喧嘩といったらどうだろう。それとは違い少女は温順で、静かで、甘ったれで、親切そのものだった。彼女は子供特有のいらだたしさといったものを超越していた。

　五歳年上の兄リクジン・ルンドプが彼女に付き添う庇護者となり、彼女はたんにお兄さん――チベット語ではチョチョ――と呼んだ。二人はいつも一緒だった。昼間は近所の子供たちとかくれんぼやお手玉をして遊んだ。他の子供と同じように、鬼やライオン、虎、雪豹のまねをして威《おど》しあうのが好きだった。遊びが喧嘩になると、彼女はいつも兄の後ろに隠れ、彼は彼なりに必要なら一発くらわしてでも喧嘩を調停した。少女は喧嘩から遠ざかっていた。彼女は暴力とは無縁だった。

夜は家の四つのベッドの一つで一緒に寝た。妹の辛抱強さはチョチョには不可解で、どこまで辛抱できるか試してみるためによくからかった。冬寒くてふとんの中でも震え上がるようなとき、彼女に文句を言わせようと、彼は凍った足で彼女に触れた。しかし少女は彼を撥《は》ねつけはしなかった。それどころかその足を手に取り、マッサージし、さらには温めるために胸にあてた！

信心深い両親は、子供たちを仏教の教えに従って育て、一人ひとりがりっぱに成人し、その素質を発揮することを願っていた。体罰によらず、諭《さと》すことによって、他人の幸福のための犠牲や、自己放棄といった仏教の根本を教えた。事実仏教徒は、自分の存在を隣人の、人類の幸福のために捧げることを特権だと思っている。過去世《かこせ》において、十分な善業《ぜんごう》を積んでいないと、こうした自己放棄はできない。自分の運命はどうでもいいことで、苦しみも死も二次的なことなのだ。少女はまだ幼くて、善悪のこの精神的な次元を意識していないが、家族のものには彼女は善意と知恵と慈悲の宝庫である。

父ナムゲル・タシは寛容ではあったが、男の子供たちが一線を越えると声を高めた。少なくとも二度、少女は父親が怒っていたずらっ子に制裁を加えようとしたのを目にした。彼らは仏の教えと同様に、このことを忘れないであろう。

最初の件は、喧嘩早いチョチョだった。ある日チョチョは喧嘩相手をほったらかして帰ってきてしまった。相手は痛くて我慢できないほど惨めな状態だった。怒った牡牛が手の早い息子を殴ろうとしたとき、近所の子供が勇気を出してチョチョの弁護にやって来た。話を聞くと両方ともに悪く、チョチョが父親にぶたれる理由はなかった。結局父親は納得したが、チョチョは暴力と尊敬について長々と説教された。

もう一件は、少女と八歳年上のもう一人の兄リクジン・サムドプが関係する。チベットの正月のある夜、子供は全員通りに出て爆竹と花火に火をつけていた。少女は兄に近寄り頼んだ。

「ロケットを上げたいの。ねえ、一つ頂戴」

「いいよ。手をお出し」

少女は右手を出した。リクジン・サムドプはロケットを置いた。

「人さし指で、ちゃんと持つんだよ」

彼が火をつけロケットが発射するや、少女の人さし指の先端がもぎとられてしまった。傷口から血がほとばしり出て、少女は痛くて泣き叫んだ。家族全員が彼女の周りに駆け寄り、指に包帯をして病院に連れていった。医者は傷口を消毒し、きれぎれになった皮膚を切りながら、もぎとられた指先を見つけたかどうかと尋ねた。兄姉が事故の起こったところに戻り、数分間探した結果、指の一部を見つけた。大喜びで医者のところに持ってきたが、指先はあまりにもひどい状態で、接合することができず、病院のゴミ箱に捨てられた。

家に戻ると、少女はいつものように大好きなチョチョに寄り添って寝た。もう一人の兄は姿を消してしまった。父親に叱られるのを恐れて、あの出来事以来いなくなってしまった。少女は泣き、唸り、身体中震えていたが、兄を恨んではいなかった。一晩中、事故の張本人の帰りを窺う両親に、彼女は許してくれるよう乞い続けた。

「お兄さんを罰しないで、お願い、ぶたないで！」

父親は非常にいらだっており、リクジン・サムドプは忘れることがないようなお仕置きを受けたにちがいない。しかし少女は、父親が彼を殴らないように説き伏せた。恥じ入りながらも兄は、またしても妹の善良さ、その赦《ゆる》しの心、犠牲心を思い知ることになった。この日から少女は、この右手の障害を抱えて生きることになり、今でも彼女はペンを親指と中指で持っている。

幼いリクジン・チョンゾム、後のガワン・サンドルはまだ五歳だが、その気骨は並のものではなく、声もはっきりとしていた。尼になりたいと言った。心からそう願っており、髪もときどきラサで出会う尼僧のように短くほぼ剃ったようにしていた。おしゃれはまったくせずに、民族服チュバも着なかった。いつもズボンをはき、色も赤ぶどう酒色、栗色、赤、黄といった尼僧の色ばかりだった。

母親が、尼になるにしてもそれはまだ先のことだし、彼女のような微笑みを絶やさない少女はおしゃれをしなくては、と言っても聞き入れなかった。髪が少しでも伸びると、美容師役の姉二人のどちらかに切ってくれと頼んだ。優しさの具現のような母親はしつこく言わなかった。言っても無駄で、少女は可愛いけれども頑固で気を変えはしなかった。十年間強制労働を強いられた姉が、ちょうど尼になりたいと言ったところでもあり、少女は諦めはしないであろう。ドルンから戻ると、姉は尼になりたいと言い出した。両親は即座に同意した。

この伝統的な社会では、仏教と国民性は密接に結びついていた。僧院は、たんなる儀式、自己放棄の場ではなく、哲学、法要、文化、芸術、医学、占星術を教える学校として機能していた。

共産主義による破壊を免れていれば、図書館には何千という書物があった。寺に入ることは、共産主義の影響下にある学校を離れて、国の歴史、精神性の源に接することであった。しばしば十歳くらいの新入僧《しんにゅうそう》は、家族から離れて寄宿舎に入るようなものであった。しかし経験を積んだ僧侶、尼僧の、保護者としての助言と愛情があり、彼らが生活の面倒を見てくれ、学業を助けてくれた。

しかし尼僧はいつもこうした扱いを受けていたわけではなかった。一九八〇年以前は僧侶から性差別を受け、見下げられていた。僧侶に比べればずっと数が少なく、僧侶階級の背後に追いやられ、一段劣った教育で満足しなければならなかった。中には生活のためにやむをえず物乞いをしたり、金持ちの召し使いにならざるをえない者もあった。「師が欲しければ、息子を僧侶にせよ。召し使いが欲しければ、娘を尼にせよ」とはチベットの諺《ことわざ》ではなかったか。一九八〇年代の初めから状況は変わった。多くの尼僧たちは抵抗活動に参加し、時として男以上の勇気を示し人々から尊敬された。

少女の姉タムジン・ラモは闘士ではないが、家族全員から尊敬された。彼女が仏の足跡を歩み、悟りを得るために勤めることに、両親は満足であった。彼女がその意向を伝えるや、両親はその準備を手伝った。そして文化大革命が終わったときに中国の当局者が約束した「開放」が限られたものであることを実感した。この暴力の吹き荒れた十年間に傷つけられ破壊された僧院の大半は、機能していなかった。民主化ということで北京が約束した宗教の自由はといえば、名目上のことに過ぎなかった。確かに、歩いて、あるいはバスで、遠く離れた地方からたくさんの巡礼がラサの聖地ジョカンに集まって来ていた。五体投地《ごたいとうち》をしようと、マニ車を回そうと、慈悲の仏・観音の真言オームマニペメフームを何百回唱えようと自由であった（マニ車には真言が書かれた紙片がつめ込んである。寺院ではこの車が人の手の高さに並べてあり、巡礼は慈悲の仏への祈りを込めて、それを手で回す）。

しかしすべては警察の監視下にあり、中国人はこの信仰を、信じられないといった顔で眺めながら、ほんのちょっとした出来事にも介入する態勢であった。彼らは自由化の過程を統制できると思っていたが、そうではなかった。また数年に及んだ共産主義の蒙昧時代の後の宗教の再生が、深いナショナリズムの再生を伴っていることも理解していなかった。何千という若者が、男も女も僧院に入りたがるのは、平和裡にこの闘争を支持しているからであった。

タムジン・ラモは、他の志願者よりも幸運だったのか、それとも助言がよかったのだろうか、とにかく保護者を見つけることができた。それは監獄から釈放されたばかりの年とった僧侶で、彼女を自分の弟子として基礎的なことを教えるのに同意してくれた。その後タムジン・ラモは精神修行も進歩して、タシチョリン僧院に入ることができた。それ以後は俗世の所有物と喜びを放棄するしるしに頭を丸め、家にも月に一、二度しか帰ってこなかった。

彼女の帰宅は、少女にとっていつもお祭りのような騒ぎだった。

「わたしも尼さんになりたいの」と、姉のチャムタプ（僧衣のスカート）を摑んで言った。

「プモ（少女）、あんたはお寺に入るのには小さすぎるの。あと数年待ちなさい。まず学校に行きなさい。それから話しましょ」。

少女の母親と兄チョチョ

　七歳で少女は、街の小学校に入った。他の生徒（約八百名）と同じように、夏は一日六時間、冬は五時間の授業があり、昼食に一度家に戻り、午後の初めに帰ってきた。主な教科は中国語とチベット語である。歴史は、チベットのも、中国のも、西欧のもまったく教えられなかった。

　少女の成績はどの教科も優れていた。友だちは彼女が毎日、画家のように上手にチベット文字を書くのを感心して眺めていた。チョチョの三組の仲間たちは、いつも「お兄ちゃん」をからかっていた。「お前の妹は五歳も年下なのに、もうお前よりよくできる！」。そのとおりで、チョチョはそれが自慢だった。それほど彼は彼女の優しさと頭のよさに感心していた。少女が家に帰って成績表を両親に見せると、両親はチョチョと同じように愛情を籠めて彼女を褒《ほ》めるのだが、こと将来のことに触れると、少女は決まって「尼になる」と言い張った。

　この年の女の子にしては変わった志望だからといって、彼女は悲しい、閉じこもった、夢想にふける女の子ではなかった。元気一杯で、いつもニコニコしており、子供の喜びも十分味わっていた。両親から小遣いをもらうと、駄菓子やキャラメルを買った。虫歯で歯が黒くなるので、からかい好きなチョチョは彼女に「モモ・ラ（祖母）」という渾名を付けたが、それでも彼女の甘いもの好きはなおらなかった。甘いもの以外には、通りで売っている丸くて厚く、香辛料のきいた中国のゼリーが大好きだった。

家では晴れ晴れとしたよく笑う女の子だった。夜、父親が友人を招き演奏すると、お客の前で歌い踊った。でもいちばんの喜びは、大好きな姉タムジン・ラモから新しい歌を習うことだった。彼女が家に数日間帰ってくると、少女はせがんだ。「歌を教えて。知ってる歌を全部！」。若い尼僧はじらさず、このたぐいまれな少女に何時間も教えるのだった。強制労働のときに口ずさんだ自由の歌はたくさんあったのだから。

家族の中では、チョチョがなんと言ってもいちばん身近な存在だった。夜、一緒にふとんに潜ってから、彼女は自分で作った話をするようになり、チョチョは五分ごとに「ふんふん」とあいづちをうって、話を聞いていることを伝えねばならなかった。彼がまばたきをしたり、あくびをすると、少女は彼をつついて、

「チョチョ、聞きなさい！」

「ふんふん」

時としてはいくつものエピソードにもわたり、数日続くこの長い話を、どうやって作り出すのか不思議だった。多くは終わりも落ちもない話で、彼女が夢と言葉遊びから作り出したものだった。中にはユーモアと暴力が混じりあったものもあり、この年の女の子にしては驚くべき成熟さを物語っていた。次の兎の話がそうだ。

昔、ある男と女が息子の乳母《うば》を探していました。道を歩いていると、一匹の兎がその男と女を呼び止めました。

「どこに行くのですか」

「赤ん坊の子守りを探しているんです」

「それなら、私がお世話しましょう」と兎が言いました。

「どうするんですか」

「私が食べてから、残りを赤ん坊にあげます」

「だめだめ、お前なんかいらないよ」と両親は答えました。

進んでいくと、また別の兎に出会い、同じような会話をしました。これもだめでした。

諦めないで、さらに行くと、三匹目の兎に出会いました。兎が言いました。

「私が、あなた方の子守りをしましょう。赤ん坊にいい食べ物を全部あげて、私はその残りでいいです」

夫婦は承諾し、兎は彼らのところについていきました。男と女は、兎に赤ん坊を預けて仕事に出かけました。留守の間に、兎は赤ん坊を食べて逃げ去ってしまいました。

　家に戻った両親は悲劇を発見しました。仕返しをするために兎を捜してまわり、見つけだしました。父親は兎を袋に放り込みました。

「あなたが家に帰ってくるまでに、私はこの兎を煮て食うために、湯を沸かしておきましょう」

と言って、女は家に走りました。

途中で父親は、袋をちょっと離れたところに置き、ひと休みしました。そのとき兎はカラスの鳴き声を聞いて、助けを求めました。

「カラスさん、カラスさんやい！　助けておくれ！　ヒモをほどいて、袋を開けておくれ」

カラスは願いを聞き入れて、くちばしで袋を開けました。兎はとげのある枝と、小石と、氷を袋につめました。

男は何にも気がつかず、袋を担いで再び歩き出しました。歩いているうちに、とげが背中を刺し始めました。

「兎め、爪で俺の背中を引っ掻くな」

少し行くと、背中に液体が流れるのを感じました。氷の解けた水でした。彼は叫びました。

「兎め、小便をするな」

家に着いて、男は妻に言いました。

「鍋の蓋をとれ、このにくい兎を放り込んでやる」

石が底に当たって土鍋が割れ、湯が台所中に飛び散りました。怒り猛った夫婦は兎を見つけだす決心をしました。「今度は煮て食べるのではなく、つぶしてやる」そして捕まえるが早いか、家に持って帰り階段に釣り下げました。男は大きな石を掴みました。絶対に殺してやろうと、釣り下がった兎の上に登りました。妻は兎を突き刺そうと、槍を持って階段の下に立っていました。

しかし兎はとても狡猾でした。石と槍が近づくと身体をひねり、一瞬のうちに階段の下に隠れました。男と女はお互いに制止することができませんでした。夫は石で妻の頭を砕き、妻は槍で夫の腹を突き刺しました。二人とも死んでしまいました。

一九八五年、一家は引っ越した。尼になったタムジン・ラモが僧院に住むようになったとはいえ、ジャムヤン・シャル地区のアパートは夫婦と七人の子供にはあまりにも小さすぎた。ナムゲル・タシと妻の収入は十分にあり、医学と占星術の中心地メンツィカンのすぐ近くで、街の中心部に、もっと広いアパートを借りることができた。

一九五〇年の中国の占領以来、旧市街は大きく変わった。ブルドーザーと紅衛兵が、チベット人の店、古い家、寺院を破壊した。それにもかかわらず、街の、国の中心はここであった。一九七〇年代の末に中国が約束した開放政策がもっとも顕著なのはここで、外国人観光客がラサに押しかけていた。彼らは用心深いガイドに付き添われてグループで来て、自らの国で囚人となっている民族の悲しみに気づくことなく帰っていった。

個人で来る観光客はそれより一歩踏み出して、民衆との接触を求め、チベットの現実を発見した。文化大革命の傷をいまだに引きずっている国、名前だけの宗教の自由、中国人兵士、警官、そして共産主義の熱狂的なチベット人協力者のいたるところでの監視。独立思想は転覆行為であり、ダライラマは恥辱であった。四半世紀前に国を離れたにもかかわらず、彼の権威はチベット人の間でいささかも失われていなかった。亡命は彼のイメージを曇らせるどころか、むしろ強化し讃美した。リュックサックを背に「世界の屋根」を歩く旅行者に、ぼろを着たチベットの子供がおねだりするのは、飴でもドルでもなく、もっと貴重な宝物、ダライラマの写真であった。

一家の子供たちは、少女をはじめみな新しいアパートに慣れた。この切り石の建物はかつてテンゲンリン寺院であり、今でも歴史と精神性が感じられる。車一台がやっと通れるくらいの、歩道もない狭い道が通じていた。入り口の格子扉を入ってすぐ右には、画家が住んでいた。五十歳前後で、そのこけ落ちた頬から酒飲みだと分かった。彼は色彩豊かな宗教細密画タンカを主に描いていた。最上階には仏像が安置された小さな仏壇があって、少女はそれを喜んでいた。サムエ寺院から四人の僧侶がいつも来ていて、毎日彼らの祈りと、かん高く嘆くようなギャリン（チャルメラ）が聞こえてきた。

一階のアパートは前よりずっと快適で、台所と居間もあり、何よりも仏壇を奉る仏間があった。そこは瞑想の場で、そこで寝るのは特別な客か僧侶だけだった。両親も子供も毎晩そろって、人類の保護者である二十一ターラー尊への祈りを唱えた。少女はこの祈りを暗誦していて、学校の授業と同じくらいよく知っていた。かぼそい少女の声から父親のテノールまで、家族の合唱は、ことにこの簡素な環境の中で高潔な調子があった。

仏壇は極彩色に塗られた二段式の戸棚であった。上段にはガラスがはめてあり、そこには仏像やチベット仏教の尊像が安置してあった。ひとまわり大きい下段には、線香を立てた米、大麦、ツァンパ（大麦を焦がして挽いたもの。そのまま、あるいはお茶に混ぜて食べる）を容れたお碗、花、小さな楽器（鈴、シンバル）といった仏への捧げものが置いてあった。また、ほのかな光で部屋を照らす、ヒマラヤ流のロウソクであるバターランプもあった。

仏間の世話はほとんど少女が一人でした。彼女はこの仕事を真剣に考えており、どんなことがあっても諦めなかった。毎朝バターランプを掃除して火をつけた。一切衆生《いっさいしゅじょう》を浄めるために仏に捧げる七碗に水を注ぎ、夜それを捨てて、翌朝のために碗を裏返しておいた。

　最上階の四人の僧侶は、法要に対する彼女の熱心さと細心の注意に感心していた。彼らは父親を訪ねるたびに、この髪を短く切った少女の賢さと成熟ぶりに驚かされた。彼女は家の女主人として、彼らを言葉遣い正しくもてなし、何よりもジ（雌ヤク）のバターを使ったお茶を、作法どおり差し出した。この古くからのこみいった作法を七歳で身につけるとは！　客の社会身分に応じて茶碗を配り、俗人か僧侶かによって、平たいかあるいは脚のついた台皿、そして蓋を出し、銀の飾りのついた銅の茶入れを摑み、最初は少し上から、そしてゆっくりと肩を動かし、茶碗まで下ろしていく……。客の方も礼儀を知っており、最初三回は断り、幼い女主人が微笑みかけながらかさねて勧めると、ようやく受け入れる。そして初めて、このねっとりしたお茶をいただく。礼儀を知った人は、少なくとも三杯はいただく。少女にとってはこの僧侶たちの来訪は、仏門の人に近づく機会であり、尼になった姉タムジン・ラモの長すぎる留守を埋め合わせる――そんなことが可能なのだろうか――機会であった。

　しかしこれが家族にとって仏教との唯一の絆ではなかった。ナムゲル・タシと妻ジャンパ・チョンゾムは、国の文化遺産の中でも宝といえる礼拝の場の保存に関わっていた。日曜日ごとに寺院にお参りに出かけた。オートバイも自動車も買えなかったので、牡牛は自転車を三、四台買って、それで親子は出かけた。夫婦は貯えの一部を文化大革命で壊された寺院の修復に使った。中国人もこうした遺産の観光資源としての可能性を認識して、このとてつもない企画を、時としては経済的に奨励していた。一九八四年から少女の両親はガリ寺院の修復に加わった。そして、ダライラマのかつてのポタラ宮殿の近くの丘に建つ小さなパラルブ寺の石の階段の修理費を、全額受け持った。ツルプ寺院の修復もそうだった。

それからは、お茶の給仕娘の成熟ぶりに感心する四人の僧侶の寺である、サムエ寺にもっぱら専念した。建物は共産主義者にほとんど壊されたので、なすべきことには事欠かなかった。この作業現場は数カ月続いたが、息子のうち二人も動員され、活発なチョチョは気持ちが動き仏門に入ることになった。

チョチョが僧侶！　そう、いつも慕っていた兄、騒がしいかくれんぼの庇護者、眠れない夜の頼りない聞き手のチョチョが！　少女にとっては、自分も仏門に入る一層の誘いであった。以前からの決心はますます固まった。もう誰も何も彼女の決心を変えることはできなかった。このことで話し込んだチョチョでもだめだった。

「もし尼になりたかったら、学校に行きなさいと言われたわ。だから、もう学校にも行ったし、これで尼になれる！」と少女は言った。

「でもどうして尼になりたいの。どうなの、僕が僧侶になったから？　僕らのうち一人が仏門に入れば十分じゃないか。勉強を続けろよ。お前は頭がよくて、成績がいい。僕には分かってるよ、姉さんの真似をしたいだけなんだろ」と小僧は答えた。

しかし彼女は意見を変えなかった。もう取り憑かれていたのだ。譲歩したのはただ一つ服装で、母親が、内側が赤の木綿で外が灰色の化繊の毛皮のとてもきれいな上着をくれたので、これはいつも着るようにした。子供時代のただ一つのおしゃれだった。

もし少女が気紛れですぐに気を変える性格なら、家族の誰も彼女の尼になりたいという計画を気にとめなかっただろう。でもそうではなかった。彼女は気分のむらがなく、家族のものにも申し分なく、母を手伝って家事をし、仏間の手入れをし、炊事もした。強い個性、日頃の陽気さは、家族の中心であり、みなの注目の的であった。何かを習うことに熱心で強く望むので、二人の姉、尼僧タムジン・ラモと二十歳前後のリクジン・ドルカルはなにも断ることができなかった。

だから少女が二人に新しい歌を作曲してくれと頼むと、二人は喜んでそうした。それ以来タムジン・ラモが僧院から帰ってくると、三人はアパートに閉じこもって何時間も歌を歌った。多くは即興の歌で、いろいろな人がやりとりしあうチベット流の「討論」式のものであった。かつてマルパとかミラレパといった師が、歌で教えを伝えたように。少女は才能があって、その想像力にまかせて歌った。同じようにテレビで見かける俳優の真似をして楽しんだ。両親がテレビを買ってから、彼女はおどろくほどやすやすと、どんなささいな台詞でもしぐさでもものまねした。彼女がものまねをすると、誰もが大笑いした。検閲にかかった面白くない番組よりはずっとましな「ショー」だった。

ただ一つしかないチャンネルを見ているうちに、少女は中国語に吹き替えたイタリアのドラマが大好きになった。貴族とその使用人の悲しい苦悩に満ちた物語だった。

しかし彼女自身は自分の家族の不幸を知っていたのだろうか。ダライラマの寺院に仕えていた両親の青春時代、中国人の到来、財産の没収、強制労働、文化大革命を。父親は、最初に中国人の靴音が聞こえて以来この三十五年間の辱め、暴力、嘘が身にしみていた。チベットの歴史は本当の血と憎しみの中にあり、共産主義によりチベットの民衆は「開花」すると臆面もなく述べる教科書の中にではなかった。

一九七〇年代の末に約束された開放政策に関しては、限界は目に見えていた。北京で発表される決断と、チベット在住の役人が日々施行することとの間には開きがあった。もっとも権力を持つものはその特権によって、チベット人――少なくとも非協力的なもの――を侮辱するばかりだった。観光客があふれ、寺院が一部修復され、少しばかりの信仰の自由があるとはいえ、チベットは中国の一地方であり、占領者が氾濫して併合は効率的に進められていた。あたかも中国はチベット人を外国人少数民族、檻に入ったライオンと化す術を見つけたかのようであった。

実際、何千、何万という占領者――それが警官であろうと、教師、兵士、行商人であろうとかまわない――を連れ込めばいいことで、そうすれば元来の住民は自然と大勢の中に埋もれてしまう。彼らの子供は中国人の子供と遊ぶだろうし、民族間結婚で両民族は統合されていくだろう。ラサは他の工業都市と同じく、工場が建ってたえず拡大していくだろう。もちろん僧侶と尼僧をはじめとするしぶとい者は残るだろう。こうしたどうしようもない連中は、街の外に監獄とか基地を作り、そこに放り込めばいい。これで共産主義の前進に刃向かえると豪語していた、この誇り高く頭の硬い民族はおしまいである。

ナムゲル・タシは、自分の民族が直面している併合、すなわち消滅の危機を意識しており、子供たちに何時間もそれを話した。彼は子供たちに、完全ではないものの一九五九年以前のチベットとそれ以後の悪化したチベット、その本当の姿を話したかった。訪問者が誰も来ないと分かっている日は、彼は居間の机に向かい、インドからのビラ、警察に殴られるデモ参加者の写真、外国で配布されている資料などを取り出した。このうち一つでも見つかったら、何年も監獄にぶち込まれるしろものだ。でもここでは家族のものに取り巻かれて安心だった。

少女は他の者と同じく、それを秘密にしなければならないことを知っていた。兄や姉と一緒に、父親の邪魔をしないように静かに近づくことがあった。父親は彼らの方に向き直って、悲劇の話をした。話の最後に、いつも父親はこう言った。

「子供たちよ、チベットが解放されるまで、絶えまなく闘わねばならない。ダライラマはインドで、チベットとチベット人民の自由のために休みなく闘っておられる。私たちは全力で彼を支持しなくてはならない。いつか彼を目にする日が来るだろう。私は確信している」。

チョチョは他の男の子と同じく、こういった話に格別敏感だった。彼はずっと前から、父親はたんなるおとなしい音楽愛好家として、有名なオペラ一座の一員であることでは満足していないということを知っていた。少し前から家計は年上の子供に任せ、現場で仕事をしなくなったのは、仏教徒が尊重する瞑想の時間である長いお籠《こも》りをするためだけではなかった。ナムゲル・タシがこうして無職でいるのは、抵抗運動の組織作りに専念するためだった。このグループの中での彼の役目は、外部から来た資料と彼が起草するものを全国に配布することだった。彼が机に向かうのは、正体の分からない相手に宛てた、彼自身決して署名することがない長文の手紙を書くためだった。彼は全国のあちこちに、ことに闘う僧侶のアジトであるサムエ寺と接触をもっていた。

家族の大人は、程度の差こそあれ全員この地下活動に関わっており、チョチョも僧侶の修行に忙しいとはいえ、この闘いに加わりたいと思っていた。家での滞在が終わって、夜明けにサムエ寺に戻るため人気《ひとけ》のない道をバス停に向かいながら、独立派のビラを貼った。いつ巡回中の警官に見つかるかもしれないし、監視カメラに撮影されるかもしれないが、いつもうまく任務を果たした。彼は十三歳。抗中運動家だった。

少女はまだ八歳だが、ほとんど恐ろしいと言っていい早熟さで大人の世界を発見した。もちろん彼女の年の子供の誰もがそうであるように、彼女も母親の愛情に守られて、大きくなり育っていった。しかし他の女の子と違って、彼女は常に上の方を、敬愛する尼僧の姉を、影の抗中運動家である父と兄たちを眺めていた。彼女の人生の二つの軸は、もう決まっていた。仏教と抵抗運動である。動き出す時が来た。

4　ガリの女たち（一九八七年）

両親は承諾した。少女が尼僧になりたいと言うのだから、そうすることにした。八歳で！　彼女がなりたいと言うのだし、おそらくそれが彼女の業《ごう》なのだから、ナムゲル・タシも妻ジャンパ・チョンゾムも、反対する理由はどこにもなかった。この年でというのは、他の大宗教ではちょっと考えられないが、仏門に入るというのは、家族を離れて自立し、寄宿舎に入るようなものであった。少女は成熟しており、もう準備ができていると思っていた。あとは教育面でも宗教面でも一番いい僧院を見つければよかった。両親は数年前に作業に加わったラサの北のガリ僧院を選んだ。

人気《ひとけ》のないこの地方には公共の交通機関がなく、そこに行くには鋪装してない道を二時間ほど歩かねばならなかった。シュブサンとタシチョリン――姉の僧院――の近くを過ぎると、緑の谷に着いた。僧院は山の側面の岩と茂みの中にあった。壮大で威嚇《いかく》的な立地条件だった。

少女が最初に宗教教育を受けたガリの僧院

遠くから見ると、ガリ僧院は窓が十ほどある四角い塊だった。この四角の各辺が中に開けた建物で、僧房になっていた。二階、三階建ての住居に守られているかのように、中央にお堂があった。階段を上り、靴を脱いでガラス戸を過ぎると、天井が八本の柱に支えられたお堂に入る。そこには中央の通路の左右にせいぜい一メートル幅の五列の座席が並んでいた。薄いマットレスを敷いた低いベッドのようで、尼僧は勤行《ごんぎょう》のときあぐらをかいてこの上に坐った。座席向かいの奥にダライラマ用の象徴的な高座があった。この坐る人のいない高座の後ろに仏壇があり、慈悲の仏・千手千眼観音、チベット仏教の改革者ツォンカパ、知恵と悟りを授けるヴァジュラヨーギニー、人類の保護者二十一ターラーといった仏像が安置してあった。仏壇の左手には、寺の守護尊チョキ・ゲルツェンの小さな仏壇があった。ガリの尼たちによると、この守護尊は人が過ちを犯すと恐ろしく怒るが、善良な人々には慈悲の心に満ちているという。長短さまざまな法要が、いつもこの守護尊のために営まれていた。

今日、少女のほかには、彼女が僧院に入った日を覚えている人はいないが、一九八七年の初めであったことは間違いない。両親はこの日を偶然に選んだのではなかった。彼らのように信心深い人が、暦を無視するはずはなかった。チベットの陰暦では、特に宗教関係のことは何もしないほうがいい時期――二月がそうだ――がある。同じように、週の単位では火曜日と木曜日は凶である。占星術に凝り、習慣を重んじるナムゲル・タシと妻は、娘の将来がうまくいくように、僧院に入る日をいろいろ考えて選んだことだろう。

この日ただ一つ残念だったのは、チョチョが足の腫《は》れもので家に残っており参列できなかったことだ。彼は百三十人の尼僧の前で行なわれた妹の入門式に立ち会えなかった。数年前、姉のときにしたように、家族はすべてを用意した。両親は入門式の費用を払い、他の尼僧にもお茶をふるまい、お寺にもお布施をし、十六巻の経典を贈呈するお金を貯えた。彼らは僧院の長に、希望と敬意の捧げものである白い絹の布カタを用意した。ノリ・ドンドプという六十歳くらいの尼僧が、少女を自分の弟子として受け入れ、新しい生活での彼女の手引き、保護者となった。

仏門に入るに際しては、沙弥尼《しゃみに》としての三十六の誓いをしなければならない。これは仏の教えに従って、悟りへの道の手引きとなる約束事である。この中のいくつか、ことに禁欲戒は非常に重要であり、それを破ると僧院から追放される。さして重要ではない戒律は、破っても悔い改めれば赦される。入門に際してのこの儀式は、仏教では必須のことだ（少女は一九八七年の初めに沙

ラサ郊外のガリ寺院でのガワン・サンドルの部屋（上）

弥尼戒を受けるときに、八歳をまわったところだった。この時代のチベットでは、この年で尼僧になるものが稀ではなかった。ダライラマは男も女も十五歳になってから入門するように勧めている）。

入門式の大詰めは、俗名に加えて仏名を拝受することである。これを決めるのは、原則として保護者となる師とか偉いラマである。しかし彼女の場合、誰がガワン・サンドルという名前を授けたのか、はっきりとは分からない。チベット人の名前は訳すのが難しい。各々がそれぞれ意味を持った音節からなっており、一つの名前でいくつも意味があるからだ。少女の場合、みんな仏教に関するものである。ガワンは、心の秘伝伝授、サンドルは純真、高潔、自由、通暁といった意味である。

この日少女は二階の応接間の横の一室を

あてがわれた。手すりのない階段を上ったところにあるこの部屋はいい場所だった。扉は中庭に面し、窓は外に面していて、ここから少女は素晴らしい光景を目にできた。何万もの岩が、いたずら好きな巨人が散らかしたように周りの原っぱに散らばっていた。

ガワン・サンドルは、小さなテラスのついたこの部屋を、もう一人の尼僧と共有した。ベッドは一人ずつあるのだが、仏壇は共同だった。仏壇を整頓し仏像をきちんと並べ、毎日七つのお碗に清水を注ぐ仕事は、二人で分担した。家にいたときと何ら変わりなく、少女は喜んでした。他のことは、家とは違う共同生活に慣れねばならなかった。

僧院は五十歳から七十歳の十人の年輩の尼僧で構成される委員会が運営していた。しかし実際にはガワン・サンドルも、他の三人の十歳以下の尼僧と同じく、否応なく従わねばならない厳しい規律に規定されていた。授業は保護者ノリ・ドンドプ次第だった。彼女はラマの位を持っており、僧院にいたり、健康上の理由でラサにいたりであった。彼女は三人の年輩の尼僧を助手にして、二十人ほどの生徒を受け持っていた。

他の初心者同様、少女も大半の時間を祈りの暗記に費した。何十、何百と暗記して、正しい音階で唱えなくてはならなかった。でも仏壇の世話と同じで、少女はこうした聖典を暗記するのに自信を持っていた。歌は大好きだし、祈りは家の伝統なので、うまくできるに決まっていた。ガワン・サンドルはまだ子供で、ちょっと肥えた人形のようで、年の割には小さかった。毎朝保護者の前で日課を唱えるたびに、保護者は自分の生徒の才能に目を見張った。その意思力、完璧主義、そして難解な真言を暗記し、チベット語を習得する能力は驚嘆に値した。

新入者は、母親代わりをしたがる他の尼僧から特別扱いされた。だから法要があり、全員が僧衣を纏《まと》わなければならない日には、衣をうまく着られない少女たちの面倒を見てくれた。普段は、色が赤ぶどう酒色、栗色、赤、黄なら俗人の服装でよかった。例えば少女はたいていズボン、ブラウス、そして上着という格好であり、頭に帽子もかぶっていた。

祈りと授業だけで一日が過ぎるわけではなかった。朝五時に鳴るドラを合図に始まる一日は、寺の施設の修理とか再築といった作業にも費された。サムエ寺で、パラルブ寺で、そしてここガリ寺で、両親が汗を流すのを見てきた彼女には、共産主義者によって破壊された施設を修復するという国の最優先事業に、自分も時間とエネルギーを使うのは、ごくあたりまえのことだった。さらに台所の薪に灌木や小枝を集めるのも、初心者に課せられた仕事だった。

また石を積み上げた低い壁で囲われたヤクの番もしなければならなかった。田舎育ちの尼僧が雌の乳を搾り、他のものは大人の牛から離されている子牛を見張った。毎朝九時から十時の間に、尼僧は四、五人ずつ組んで、ヤクの糞を集めに出かけた。ヤクの糞はせんべいのように平らにして岩の上で乾かすと、とてもいい燃料になった。このヤクの糞集めは、野原が花で覆われている六月、七月にはとても気持ちがよく、彼女たちは液果や果実、そして何よりも野生の大黄《だいおう》を摘んだ。大黄は故郷の伝統にならって、皮を剝いて火であぶったり、サイコロ状に切って砂糖漬けにしたりした。

この僧院は、外部と一切の接触を持たずに隔離されて生活している砦ではなく、尼僧は近くの村や街によく出かけた。季節のいいときには、年長者は若い尼僧に僧院を出て野外で勉強するのを許していた。でも彼女たちは本やノートを放り出して遊びに耽った。少女はいい生徒だったが、いつも先になってみんなと一緒にかくれんぼやお手玉をした。年長者が予告もなく現われると、お説教を食らったが、年長者の誰一人として罰しようとはしなかった。少女たちの一人はまだ八歳だった。彼女が規律を守らないからといって責められるだろうか。同じこの僧院にいる彼女の姉も、彼女をしつけようとするけれどもできなくて、恥ずかしくて泣くこともあった。

法要のときでも初心者たちは模範生ではなかった。ガワン・サンドルはおとなしくて静かなことで定評があったが、他のものは騒がしいことで類を見なかった。毎日のターラー尊のお祈りのとき、柱の後ろに坐るようにして、邪魔されずに居眠りしたり、ふざけあったりした。年上の尼僧も初心者を叱れたものではなかった。彼女たちもこの瞑想の時間に、たわいなくふざけあうのだから。僧院でもっとも好まれるいたずらの一つは、居眠りしている尼僧を見つけ、その鼻の下にツァンパ（麦焦がしの粉）の袋をつるすことであった。眠っているものが船を漕ぐと、ツァンパの中に顔を突っ込み、皆が笑いこけた。

幼いガワン・サンドルは、ここの居心地がよかった。彼女の年の子供にとっては窮屈に映るかもしれない生活のリズムにも慣れた。

五時。起床。そして一人ひとり祈りと学課の暗記。指導教師かその助手が、昨日の宿題がちゃんとできたかどうかを確かめる。

七時。朝食。僧院の台所から、各人に魔法瓶一杯のお茶（ミルクなし）が用意される。チベットふうに、塩と、両親からもらったジ（雌のヤク）のバターを加える。それから伝統的なパクというだんごを食べる。パクは、木椀にツァンパを少し入れ、バターと砂糖とお茶を加え、全部を指で混ぜてだんごにする。はしばみの実の味がする。

八時。僧院の現場での仕事。少女の仕事はセメント用の砂をふるいにかけることだ。

十二時。現場で働いたもの全員に、僧院から昼食が支給される。献立は御飯、野菜またはティンモ（蒸しパン）で、お堂の近くの僧院の台所で用意される。ガリの中心にあるパン屋が揚げパンを作るが、おいしいけれど消化に悪い。

十四時。現場に戻る。

十八時。部屋での夕食。昼食とは違って自炊である。このために二、三部屋ごとに共同炊事場が一つ設けてある。レンガあるいは石の竈――ツァタプ――で、薪か乾いた糞が燃料である。鍋を置く口が二つ開いていて、灯油を少したらせば簡単に火がつく。一人ひとりが食料を貯えており、月に一度家に帰って補給する。ときどき外部の信者が、バター、小麦粉、塩といった必需品を寄進してくれることもある。

十九時。お堂に集まってターラー尊へのお祈り。

二十一時。部屋に戻って勉強、そして消灯。

この時間割は、宗教上、教育上の予定により変更される。寺院には修復作業以外に、当然宗教行事がある。ターラー尊の日、グル（尊師）の日、知恵を授けてくれるダーキニー尊の日、その慈悲で病人を癒す青い薬師仏の日、仏の弟子で悟りを開いた十六羅漢の日、などなど。もっとも忙しいのは、仏の誕生、成道《じょうどう》、涅槃《ねはん》を記念する四月サカダワである（サカダワは、西暦では、五、六月にあたる）。これは祈りの月であり、尼僧は、言葉、食べ物、飲み物を順々に断たなければならない。こうした行事に加えて、食料、お金、布などを寄進する信者の依頼で祈りを唱えることもある。

尼僧はお布施集めによく歩き回った。信心が強いガワン・サンドルは一人前で、他の尼僧を代表して話し、とてもおだやかに寺への布施をお願いした。するといつも、村びとはこのよく笑う子供に魅了され、お茶を用意してこう言った。「尼さんや、ここにいてもっとお茶を飲みなさい。隣に行って、お布施をここに持ってくるように頼んであげるから」。この間、他の尼僧は村の広場でオームマニペメフームの真言を唱えていた。

ガワン・サンドルは、素朴な言葉遣いと生来の善良さで、一人でたくさんのお布施を集めた。お金、食料、そしてとりわけ穀物の袋で、これはトラックでガリ寺院まで運んだ。こうしたお布施はお寺のものとなり、それを集めた者の所有にはならなかった。だから初心者は、自分の食事の分は、両親とか、いつも助けてくれる年上の尼僧に頼らねばならなかった。

寺院とラサの間は歩いて二時間だが、少女は月に四日と秋の二週間の休暇のときにしか家に帰れなかった。この自由時間にも厳しい規制があった。寺に戻るのが遅れると、比較的裕福な家の尼僧は一日五元の罰金、その他は灌木集めといった罰則があった（元はチベットで使われている中国の貨幣。一元は約十五円。月二千元〈三万円〉で、非常にいい収入である。つつましやかな給料は二百元〈三千円〉くらいである）。

幼いガワン・サンドルにとっては、ラサでの滞在は家族との心ときめく再会であった。家は何も変わっていなかった。ただ一つ変わったことといえば、母親のジャンパ・チョンゾムが、占星医学院のすぐ近くの街の中心で店を開いたことだった。店といっても、一枚の板の上にたばこ、トイレットペーパー、駄菓子などを並べたに過ぎない質素なものだった。街のど真ん中のバルコルは競争が激しくて、庇《ひさし》とかカラフルな日傘の陰で何十という店がひしめきあっていた。人出の多い日は、扇動者がいようものなら逮捕しようと兵隊や警官が巡回していた。この歩行者地域で見かける車は、悪名高き囚人護送用の警察の装甲車だけであった。その使い古された椅子にチベットの全悲劇が読み取れた。車体のあらゆるところに、チベットの悲惨な歴史の傷跡がついていた。

少女はときどきひかえめに母の店の手伝いをした。ガワン・サンドルは何をするにしてもきちんと責任を果たしたけれど、兄たちはそうではなく、いつも駄菓子を失敬しようとした。そのうちの一人、彼女の大好きなチョチョが家に帰ってきた。脚の傷が膿んでなかなか治らず痛んだので、お寺をしばらく離れて治療しなければならなかった。チョチョより年上のもう一人の兄は、同じサムエ寺で修行していたが、独立運動家として頭角を現わしはじめていた。

子供も親も家族は全員根っからの愛国主義者であった。牡牛ナムゲル・タシは、娘にも息子にも中国の占領から解放された自由チベットを絶えず教え込んでいた。彼は文化大革命中に没収された財産の代償を支払うという、ラサ当局からの食指をそそられる申し出さえ拒絶するほど、拒否の姿勢を貫いた。ナムゲル・タシと妻は土地の一部を返還されるか、その代金を受け取ることができたが、それには一つ条件があって、中国共産主義を支持する文書に署名しなければならなかった。ナムゲル・タシはそんな卑劣な男ではなく、買収をはねつけた。

この一九八七年、国は沸き返っていた。ラサは抗中運動家たちによって、静かなうちにも揺れ動いていた。抗中運動家は、一九八〇年代の初めに中国が約束した開放は限度に達し、政治、宗教、文化の自由は名目だけなのが分かっていた。暴力、非暴力を問わず、活動を続けることだけが民衆の中に抗議の火を保つ道だった。だからこの闘争を続け、忘却と闘わねばならなかった。そのためにインドに逃れたダライラマとその政府、そしてチベット人同胞と連絡を保つ必要があった。第二次世界大戦のときフランス人がラジオ・ロンドンを聴いたように、多くのチベット人がヴォイス・オブ・アメリカ（アメリカの声）やラジオ・フリー・アジア（自由アジア）を聴いて、自分たちの国とダライラマの動きに関する確かな情報を手にしていた。

チベットの中でも、ダラムサラからの情報を有効に活用するために活動する愛国主義者がいた。抗中運動家はもっとも重要な文書を複製し配布するネット網を作った。国じゅうの地下印刷所に印刷板が送られ、そこから文書が配布できるようになった。

ラサはこの組織の中枢で、抗中運動の鼓動が伝わっていた。増えるいっぽうの観光客は、彼ら向けに再建された寺院を見て回りながら、何も気がつかなかった。しかし、パンフレットにはしばしば平和と調和の地と紹介されているチベットは、ふたたび暴力に見舞われようとしていた。

一九八七年秋の初め、中国当局は三十七年前に征服した「世界の屋根」を手放さないことを世界に知らしめた。ダライラマが外交と魅了という彼の得意な分野で、中国を困らせているのが気に入らなかったのであろう。アメリカを旅行中のダライラマは、アメリカの議会議員にチベット問題を訴え、魅力的な平和五箇条案を提示した。もっともデリケートなところに触れられた北京の指導者は激怒し、帝国主義の内政干渉であり、「僧衣の狼」――中国はダラムサラの亡命者のことをこう呼ぶ――の策略であると叫んだ。そしてラサを一層厳しく弾圧することにした。

違法活動を行なったかどで起訴された八人の公開裁判が、首都の競技場で九月二十四日から始まった。その翌日から街の中心部の壁には、人権蹂躙を告発するビラが貼られた。そしてジョカン寺の近くで、外国人観光客のいる前で、数十人の僧侶が独立スローガンを叫んで中国警察に立ち向かった。十月一日の中国の国慶節に、逮捕されたデモ参加者の釈放を求めて、群集が警察署の前に集まった。それからは叫び声、投石、車の炎上の騒ぎとなった。慌てた警察はAK47機関銃で応酬した。リンチ、同士の腕に担がれる犠牲者……。何人かが気づかれないように警察署の裏に回って、逮捕されている者たちが閉じ込められている部屋の格子を馬で引き抜いた。

観光客の証言によれば、この衝突の犠牲者は死者十人、負傷者四十人であった。反乱を鎮めるのに援軍を呼ばざるをえなかった中国は、チベット人の彼らに対する感情を過小評価していた。同様に彼らは、ダライラマのチベット人に対する、また一部の西欧の世論に対する影響力を把握できていなかった。この二重の失敗は「改革派」のせいであった。この後、中国の強行派は、「柔軟」路線は失敗で、厳重にしなければならないと大手を振って言えた。諸悪の根源と見なされた僧侶には、仕返しが待っていた。

この一九八七年の末、ガワン・サンドルはどうしていたのだろう。騒動のときラサの通りにはおらず、ガリの僧院にいたのはまちがいない。まだ九歳だし、年長者がこうした暴力の場から遠ざけたにちがいない。かといって僧院は政治活動をしなかったわけではない。尼僧の中には、若い尼僧でも「チベット万歳！」、「ダライラマ万歳！」を叫んで逮捕され、数カ月、ときには数年間、監禁されたものもいた。ガリの尼僧は、ミシュンリ寺、シュンセプ寺といった他の活動派の僧院と同様、従順派で知られるサンク寺（ラサの中心）の尼僧とは一線を画するためにも、いつもダライラマの活動支持に走った。

少女をガリ僧院に入れたのは、偶然からではなかった。それほど抗中運動に関わっている父親にすれば、「同士」の僧院しか考えられなかった。もちろん僧院ではすべての政治活動は禁止されていた。しかし状況がそうだから、他よりもよけい戦闘的にならざるをえなかった。共産主義者はそれをよく知っており、共産主義のいい教えを受け入れない頑固者向けに、特別に「再教育」教室を僧院で催していた。

教師は、大半がチベット人だったが、権力を持っていた。彼らが来ると——ときとして数日、ときとして数週間——、寺の幹部は彼らにへつらわなければならなかった。尼僧たちは、少女の部屋の隣の応接間に集まり、何時間にもわたってプロパガンダを聴かされた。「ダライラマのテープを聴いてはなりません。それは禁止です」、「考え方を変えなさい」、「政治活動はしないように」、「共産主義はチベットにとってのチャンスです」……。言うことを聞かない生徒は追放するとおどかされたが、それでも彼女たちは陰険な教師に刃向かって、授業中におしゃべりしたり、鼻を鳴らしたり、咳をした。生徒が授業をさぼろうと自室に閉じこもると、教師は強引に引きずり出した。プロパガンダの授業のほかは、教師は活動家を見つけだすためにスパイ活動に従事した（ガリでは、しばしば数カ月滞在する再教育チームと尼僧とのいざこざが頻繁に起こった。一九九〇年に、ゲルツェン・デチェンという尼僧が教師に石を投げたかどで逮捕された。それに抗議して他の尼僧が中庭でデモ集会を行なった。これに乗じて、ゲルツェン・デチェンは野原を裸足で逃れた。ラサに身を隠し、そこからダラムサラまで逃れたが、一九九七年に脳腫瘍で亡くなった。事件のあった日、十三人の教師は尼僧たちを鎮めるのに兵隊を呼んだ。十二人の尼僧が逮捕されグツァの監獄に送られた）。

若い尼僧はこうした心理攻撃に感じやすく、感情的になりよく泣いたので、年長の尼僧が皿洗いとか洗濯を命じて遠ざけた。

ある日、再教育チームが尼僧たちを応接間に召集したとき、ガワン・サンドルと三人の友だちは、ダライラマがインド亡命の初期に作曲したツェメ・ヨンデンをはじめとする自由の歌を歌いながらやってきた。幸いにも捕らえられずに逃げだし、教師の炊事道具が置いてある寺院の台所に逃げ込んだ。ナイフを摑んで憎いやつらの茶わかし、鍋といった道具に穴を空けてまわった。「お客」は休憩時間にお茶が飲めないだろう。料理人は四人の小娘には何でも赦す善良な男で、「この小尼たちのやることといったら！」と不平を言うだけで、教師たちに対する敵対心からしたことだなどとは言わなかった。子供のいたずら、それだけのことで、敵対のしわざなんかではない。そう、彼がそう言うんだから。

少女は宗教と政治を学んでいった。祈りを覚え、先生に向かってそれを唱えながら、ラサにデモに行くことを夢見ていた。一九八七年の暴動で、チベット人は大勢で街に出れば中国人に対抗することができることを知った。蜂起は失敗に終わったが、一つの心理的な障害がなくなった。

僧侶も尼僧も最初は平和裡に、そしてさらにラジカルに自由の渇望を表現した。石を投げ、警官を殴り、車に放火もした。こうした行為は彼らの平和主義および仏教の戒律に反するが、チベット人の混乱の深さを物語っている。計算された計画的な暴力ではなく、不正義に対する反動としての、自己防衛としての暴力である。こうした仏門の男女にとっては、自分の運命は二の次であり、自分たちのために行動しているのではなく、一つの民族、一つの文化、一つの国の存続をかけて闘っているのだ。

家ではガワン・サンドルは精神性と行動の二重の要求をした。まだあどけない年であっても、彼女の尼僧としての生活は、この自由の追求と、父親の闘争への身体をはった具体的な関与なしには満足のいくものではなかった。これは彼女の宿命で、完成への長い道のりで通過せねばならない一齣だった。九歳で、彼女は時の到来を待った。

5 舞台への登場（一九九〇年）

八歳で尼僧、九歳で逮捕……。

投獄されたチベット人の伝記資料を収集している亡命チベット人組織は、このデータが正しいものであると見なしている。それによれば、ガワン・サンドルは一九八八年、おそらく三月に、ラサのデモに参加して、初めて逮捕された。そして二週間ほど拘置されたが、年齢を理由に釈放された。しかし私たちはこの情報を確かめることはできなかった。ダラムサラで会った証人たちは、このことをなにも記憶していない。少女の家族も、このことは知らないと言う。

九歳で逮捕されたという、すでに生まれつつあるこの伝説は、誤りと結論しなければいけないのだろうか。そこまでは言うことはできない。政治的に早熟だったガワン・サンドルが一九八八年のデモに参加した可能性はあるし、このときに逮捕された可能性も十分ある。家族は、彼女はラサの騒ぎから遠くにいて、僧院で修行していると思っていたし、ガリの用心深い「母親」、年

ガワン・サンドル（中央）、1988年最初の釈放のときと伝えられる

上の尼僧たちは、彼女が首都の家族の許で安全だと思っていた。

真実はこの二つの確証の間にある。いずれにせよガワン・サンドルは、遅かれ早かれいつか抵抗の第一歩を踏み出す運命にあった。

最初の独立運動騒ぎの年、一九八七年から、ガリの尼僧は運動に参加した。三人が逮捕され、グツァの拘置所に拘置された。反対運動の先鋒である僧侶、尼僧だけではなく、男も女も子供までが、ますますデモに参加するようになった。一九八七年十月一日にラサの町なかでアメリカの写真家スティーヴ・レーマンが撮った写真には、石を手にして大人と並んで歩く子供の姿が見える。一枚の写真には、背中に銃砲を受けて苦痛に顔をゆがめた子供を抱きかかえている男が写っている。この子は数分後、八歳で死んだ（この写真は、他の写真と一緒に、スティーヴ・レーマンの素晴らしい本『チベット人』〈オエブク社、一九九九年〉に載せられた。フランス人新聞記者ジャン・ポール・リブの前書きと、ロンドンの独立情報機関・チベット情報ネットワークの主任で、チベット問題の専門家ロビ・バーネットのエッセーを収める）。

最初の政治行動がいつだったかは正確には分からないが、ガワン・サンドルが一九八七から一九九〇年にかけての動乱に加わったことはまちがいない。彼女が、通り、ふりあげた拳《こぶし》、抗議の陶酔を発見するのはこの時期だ。大好きな兄チョチョは、彼女が衝突に参加して興奮しきって家に帰ってくるのを何度も目にしている。彼女は彼を相手に、見たことを語り意見を求めるのが好きだった。

ある夜、デモから帰った少女の子供っぽい目つきに、チョチョは誇らしさと同時に恐怖を見て取った。「とても緊迫したデモ隊のまん中にいたの。警官は、男女、子供、誰彼の差別なく殴ったわ。どうして逃げようかと思っていたら、ジョカン寺の近くに巡礼が見えたの。アムドの巡礼で、マニ車を手に遠くからバルコルの騒ぎを眺めていたわ。私は彼らのところに走って、女の人の後ろに隠れたの。警察は気がつかなかったわ！」。

チョチョは彼女を叱ろうかどうしようか迷っていた。彼もそんな年ではないのに（十五歳前後）、家族の大半と同じように自分なりに活動していた。だから心配だからといって、少女を責めるわけにはいかなかった。

どんなことがあっても動じない平静さで、少女は大人のような告白をした。今からすれば彼女の政治所信声明といえる。「どうしてデモに行かずにいられるの。周りはすべて、家でも、国の解放が問題じゃないの。見るもの、聞くもの、すべてが私を行動に駆り立てるわ。チョチョ、私はダライラマを見たことがない。あなたもそうでしょ。でも、もしチベットが自由だったら、彼は戻ってくるって言うわ。帰ってきて欲しいの。彼を見たいの。彼が戻ってくるのに貢献したいの。デモに行くとき、恐くてお腹がねじれるように痛むの。でもバルコルに着いて、自由チベット万歳！　と叫び出すと、もう恐くなんかないわ。勇気百倍なの。自分が自分でないような、自分が存在しないような気持ちになるの。私がこのとき、どれほど強いと感じるか、分かる？　そうよ、チベットとイシ・ノルプ（ダライラマ）を守るために」。

ガワン・サンドルはますます危険を冒すようになり、扇動者に接近していた。警官や暴力も、彼女を説得することはできなかった。何回目かのデモのとき、少女は警察に捕らえられ、打ちのめされた。手で頭を覆い、膝を腹につけて、できるだけ自分を守ろうとした。しかし強烈な脚蹴りをあびせられ、数メートル吹っ飛んだ。幸いなことに、家族の友だちで気だてのよい女性のスカートのそばだったので、彼女は少女を腕に抱えて乱闘から逃れた。家族のアパートに着くや、彼女は「不肖」な両親に食ってかかった。「娘さんの面倒をちゃんと見てなさいよ！　バルコルでデモしているのを、救ってきたんですよ。こんな小さいのに、警察に殴られて！　娘さんに目を光らせて、こんな危ないところに行かせないようにしなくては」。

しかし少女は頑固きわまりなく、自分の思ったように生きた。少女が強情で、決心が固く、無自覚なまでに勇敢なことは、父親のナムゲル・タシはよく分かっていた。何年にもわたって、机の前で政治教育をしてきたのだから、今さら彼女がそれを行動に移すのを責めることはできなかった。二人の姉も自らデモに、それも最前列で参加するのだから、お説教できる立場ではなかった。

ガワン・サンドルの模範となった姉は、一九八九年の三月、チベットの正月の祈願会のときラサにいた。ジョカン寺の周りには千人を超す人が集まっていた。宗教集会であり、政治集会ではなかった。行列は未来の仏・弥勒仏の像に先導されていた。このときラサ知事が聖堂に入った。彼はパクティクという遊牧民チベット人で、民衆からは好かれていなかった。彼に怒った一人の僧侶が、彼を殴り始めた。知事は殺気だった群集に囲まれて車に戻ろうとし、治安隊が配置についた。デモ隊は寺の監視カメラを壊し始めたが、警察のカメラマンがバスの上から騒動を撮影しているのに気がつかなかった。少女の姉がそれを見つけた。バスを見下ろすテラスにいた彼女は、それを一人の僧侶に伝え、僧侶がカメラマンに大きな石を投げたので、カメラマンは機材もろとも転げ落ちた。

今はできるだけ早く逃げなければ！

尼僧は友だちと、自分の先生でほとんど手足のきかない年寄りのラマに出会った。彼女たちは老師を取り巻いて出口に向かった。

「すぐ出てはいけません。殺されますよ。いたるところで発砲してますから」と一人の僧侶が言った。

「でも行かないと。ここにはいられません。お願いですから、開けてください」。

彼は扉を開け、老師の周りにかたまった彼女たちを外に出した。

外では銃が発砲され、何千というデモ隊がわめき、銃を持った者が要所要所に構えていた。この騒ぎで、老師を囲んだ数人の尼僧に誰も気がつかなかった。群集の中を進んでいるとき、一人のチベット人の女がデモを批難した。

「この坊主らのしでかすことといったら！　すべてうまくいってて、生活は落ち着いているのに、奴らは文句を言うんだから。あいつらのおかげで、また嫌な目にあうことになるんだ」。

激怒した少女の姉は、女を脚で蹴とばした。それを見て、

「どうして蹴ったりしたのだ。同じチベット人じゃないか」と老師は驚いていた。

「この女はデモ隊を批難し、この騒ぎは全部彼らのせいだと言ったんです」。

それを聞いた僧侶が近寄って、女を張りとばした。仏教徒は非暴力というけど、チベットでは感情が激すると、そうではなくなる。

尼僧たちは老師を病人に見せかけて、ほうほうの体で逃げだした。軍は機関銃を構えた。街の中心部から射撃のぱんぱんという音が聞こえてきて、人々はあわてふためいていた。

ガワン・サンドルのもう一人の姉リクジン・ドルカルも近くにいた。家族の中で、この二十七歳の姉は第二の女主人として母を助けて家事をしていた。少女が尼僧の格好をしたがった頃、髪を切ってくれたのは彼女だった。少女ともう一人の尼僧の姉と一緒に三人で楽しく歌を歌ったその姉だ。

この日リクジン・ドルカルはどこかに隠れようと走っていて、腹に重傷を負った僧侶に出くわした。彼女は彼を助け起こし、小さな通りに引きずりこんだ。数軒の扉を叩いたけれども返事がなかった。

やっと一つの扉が開き、見知らぬ女性が中に入れてくれた。彼女はこの荒れ果てた建物の地下に一人で住んでいた。僧侶の容態はかなり悪くて、出血がひどく、腹を抱えていた。

「どこから出血しているのですか。傷を見せてください」と少女の姉が心配して尋ねた。

たぶん二人の女性の前だからだろう、僧衣を脱ぐのをいやがるので、リクジン・ドルカルは生命の危険を冒し、友だちの女医を捜しに外に出て行った。しばらくして女医と一人の男を連れて戻ってきた。彼らが負傷者を診察してみると、瀕死の状態であった。銃砲は腹部から骨盤のところを貫通しており、傷口から腸の一部が飛び出していた。女医は応急処置をし、それからタクシーを呼び、負傷者を政府の病院に運んだ。警察で問題にならないように、彼女は自動車事故だと告げた。混乱状態の首都で、誰もそれが本当かどうかを確かめたりはしない。

同じ一九八九年の三月五、六、七日と騒動は続き、いずれも徹底的に鎮圧された。一九五九年三月にダライラマがインドに亡命した直後の蜂起からちょうど三十年（訳註：原文では四十年とあるが、計算まちがい）、ラサの住民は再び占領者に対して蜂起したのである。

圧倒された中国人は戒厳令を敷き、「中国を分裂させ、国家の統一を損ねようとするダライラマ一派」を非難した。兵隊が街を占拠し、まだホテルに留まっている外国人観光客を追い出した。最初の推定では、チベット人側で少なくとも死者二百人、負傷者数百人であった。この騒動は一九五九年以来、「有雪国」でもっとも被害の大きいものだった。

亡命チベット人は自由圏のラジオを聴きながら、家族の安否を気づかっていた。中にはチベットに戻って、負傷者の世話をしようという者までいた。こうしたわけで、騒動の日リクジン・ドルカルが助けた僧侶の兄弟がやってきた。彼も南インドの寺院の僧侶であり、こう言った。「あなたは私の兄弟を助けてくれました。何にもかえがたいことです。どうお礼していいか分かりません。これであなたには一つ借りができました。これが私の住所です。いつでも、どんなことでもいいですから、何かあったら遠慮なく私に言ってください。いつでもお力になります」。

身の危険を冒して、見知らぬ人を救おうとする姉。好奇心の強すぎるカメラマンを敵視するもう一人の姉。ガワン・サンドルは、姉たちの後を追っていた。でもたんなる物まね、「大人のようにしたい」という子供っぽい心からではなかった。彼女の抵抗運動への参加は深く真摯なものがあり、精神的そして政治的自覚に由来するが、日常生活のレベルではまずは多くの不正義に発していた。ラサの騒動を目《ま》のあたりにし、デモに参加するチベットの多くの子供と同じように、ガワン・サンドルはあまりに激しい瞬間を生きてしまったがために、時を待たずして大人の世界に飛び込んでしまったのだ。

常に反骨の場であるガリの僧院では、彼女一人ではなかった。一九九〇年二月には六人の尼僧が逮捕され投獄された。全国で何十人という僧侶と尼僧が、寺院ではなく当局の決定により、「転覆」活動のかどで寺院から追放されようとしていた。首都の中心部では警察が絶えず検問し、聖地ことに少女の母親ジャンパ・チョンゾムが相変わらずたばこと駄菓子の店を出しているバルコルを監視していた。だから彼女はときどき中国人警官と話すこともあった。全員が粗暴ではなく、中にはやむなく上司の命令に従っているだけの者もいた。

中の一人はよく彼女と話すようになり、困っていることを率直にこう打ち明けた。「私たち中国人はチベットで生活することを余儀なくされています。でも信じてください、私たちはここで起きていることに憤慨しています。私はここで三年間過ごさねばなりません。選択の余地がないのです。家には兄弟も姉妹もいませんから、誰も家の面倒を見る者がいないのです。帰ったらどうしたらいいでしょう。おかみさん、共産主義はだれにもいいことがないのです」。

家にいても、寺院にいても、すべてが少女を抵抗へと駆り立てた。六カ月後一九九〇年の夏にその機会がやってきた。今度は群集の後についていったり、群集の動きや、用心深い近所の女主人を頼りにしたりして警察の手を逃れたりはしない。ガワン・サンドルは一歩進んで、たんなる端役《はやく》ではなく先頭に立とうとしていた。

ガリの若い尼僧の大半と同じく、彼女はデモに参加するのを夢見ていた。戒厳令が解かれたばかりの国で、この取り憑かれようは悲壮であり、ほとんど自殺的であった（戒厳令は、ラサでの暴動の後一九八九年三月に布《し》かれ、一年少し後、一九九〇年五月一日に解かれた。しかしチベットの首都には多数の警官が残った）。

それに気がつかないこの女たちは、何を望んでいるのか。「自由チベット万歳！」と一、二度叫んで、それでどうなるというのだ。その先に彼女たちを待ち受けているのは、逮捕、拷問、勾留である。彼女たちの言うことを聞いていると、信仰と愛国心の名の下に犠牲を払うのは義務のようだ。民衆の目に留まり、民衆が彼女たちの苦悩を感じてくれれば、それで目的達成なのだ。つまり意識を目覚めさせておき、諦めのなかに沈み込んでしまうことを避けることだ。叫ぶための数分の自由のために、このまだ子供のような女たちは逮捕され、投獄され、一生寺院から追放される危険を冒すのだ。だから出かける前に遺言を書き、本、仏像、衣類といった持ち物を、この友だちに、あの先生に譲っていく。そしてダライラマとかタンジンといった神に祈願し、最後にはトランスに近い熱狂にまで達する。こうして初めて占領者に立ち向かう力を感じる。

少女はこの一九九〇年八月二十一日（チベット暦の九月一日（訳註：チベット暦の月日は西暦のそれに一カ月ほど遅れるので、この換算はどこか誤りがある））、ガリの友だち四人とラサに向かうとき、ことのほか自分が力強いと思っていたことだろう。いつもどおり栗色のズボンに、赤ぶどう酒色の上着、そして縁の広い柔らかい帽子をかぶって、夜明けに僧院を出た。若い娘たちはデモに行くとは言わなかった。年上の尼僧がそんな狂気の沙汰を知ったら、寺院に引き止めておいたにちがいないだろう。彼女たちが出かけるのを誰もいぶかしがらなかった。というのは年に一度のショトン（ヨーグルト祭り）がラサであり、彼女たちがそれを見たがるのはあたりまえだから。年上の尼僧にとっては、彼女たちが一緒であるということが大切であった。少し前に一人で散歩していた尼僧が近所の男に強姦され、僧院は震え上がっていたときだったから。

少女と彼女の友だちが、かつてのダライラマの夏の宮殿ノルブリンカでの祭りを見たいというのは、まんざら嘘でもなかった。彼女たちはいずれもすばらしい衣裳をつけたいくつもの劇団が、野外の舞台で上演するラモ（チベットのオペラ）が大好きだった。このケルサン・ポタンの舞台は国の文化遺産の一つであり、十九世紀に建設され、その当時はダライラマが宮殿の窓から舞台を眺めていた。

公園の柵を過ぎると、庶民の祭り特有の雰囲気があった。芝生は家族連れで一杯だった。女性

ガワン・サンドルが1990年に11歳で最初に逮捕されたノルプリンカの広場

はたっぷりな弁当を用意し、魔法瓶にはバター茶が一杯だ。男性は話し込み、子供は木の間で遊んでいた。ガリの尼僧にとってデモの絶好のチャンスだった。抵抗運動を呼びかけないといけないのは、ここにいるラサの庶民だ。どうやって呼びかければよいか、まだ分からなかった。状況次第だった。またチャンスにもよった。兵隊はたくさんいたし、私服警察も同じくらいいただろう。彼らは、ちょっとしたことで変貌しかねないこうした集会を何よりも警戒していた。

少女がグループの先頭に立って歩いていたとき、活動派で知られるミシュンリ寺院の尼僧に出会った。彼女たちは八人か九人——十人はいなかった——で、民族服チュバを着ていた。すぐにガワン・サンドルは十一歳半のずうずうしさで「デモに来たの？」と尋ねた。大きめの帽子をかぶった小娘から、こんなことを突然尋ねられれば誰でもドキッとする。こんなことを口にするのは、いったい何者だろう。どれくらい抵抗運動の経験があるのだろう。まったくなかった。しかし彼女には確信があった。一人が「そうよ、そのために来たのよ」と答えた。少女は共同戦線を提案した。「いいわ、正午ころ舞台の近くに来て。一緒にデモをしましょう」。

それまでは警戒されてはならない。たとえば集まって計画を話し合ったりするのはもってのほかだ。警察は、疑わしい集まりをみんな解散させるからだ。他の観客に食べ物を与えたりするのも、疑われてしまう。ハラハラしながら少女とガリ寺院の仲間は、たわいのないことを話し合いながら、ただ行動に移ることだけを考えていた。

正午が近づいた。ちょっと離れる間の場所を確保するかのように、袋を一本の木につり下げ、出会ったミシュンリ寺院の尼僧たちの前を歩いた。行動に移る邪魔をするものはもう何もなかった。しかしガワン・サンドルは「あと少し待ちましょう」と言った。「さっき、ツェモリン寺院の三人の僧侶に会ったの。一緒にデモをすると約束したわ。もう来るでしょうから、少し待ちましょう」。

三人の僧侶が来ないので、少女は捜しに行った。一時間してようやく、彼女は三人の若い僧侶と一緒に戻ってきた。彼らはデモにあまり乗り気ではなかった。行動に移らなくてはならないときになって、しぶしぶついてくるのだろうか。もう遅い、舞台に上がって、民衆に訴える時が来た。

尼僧と僧侶が前の方の席に近づくにつれ一層の人混みで、誰も彼らに気がつかなかった。観衆は、裕福な寄進者の捧げものを取り合う僧侶の話に笑いこけていた。僧侶が登場し、ありとあらゆるののしりあいが飛び交うこの舞台は、民衆を笑わせたが、僧侶はそれほど喜んでいなかった。しかしガワン・サンドルも、彼女に続く十二人ほどの尼僧も、三人の僧侶も、そんなことにはかまっていなかった。前に進みより、さらに進み出ても、警官には止められなかった。舞台の前に観衆と階段との間を遮る鉄柵があるが、なんなく跨いだ。もうそこだ。

二十メートル、十五メートル……、観衆は笑い、役者は演じている。

五メートル、三メートル、二メートル……、柵を越える前から、もう「ダライラマ万歳！」、「チベットは自由の国だ！」、「中国人はチベットから出ていけ！」。

最前列の観客は急にしりぞいた。そして他の観客は突然の人騒がせな見せ物に気づき、拳を上げて「自由！」、「独立！」と叫んだ。ただ独りズボンをはいて、縁の広い帽子をかぶった尼僧はまだほんの子供だが、十人分叫んだ。ガワン・サンドルだった。

デモは三分間続いた。中国の尺度では永遠である。一八〇秒間、役者と扇動者、本物と偽物の僧侶が入り交じっての大騒ぎであった。

敵に攻撃をしかけるように、兵士が舞台に跳び上がり、デモをする者に襲いかかった。尼僧だけが「自由チベット万歳！」と叫び続けた。僧侶は兵士の制服を見たとたんに降参してしまった。

一人の兵士が少女に飛びかかり、手首を摑んで腕を背中にねじり押さえつけた。まだじたばたするので、もう一人の兵士が殴った。唇には血がしたたり、痛くて顔がゆがんで、もう普通の状態ではなかった。彼女の周りは混乱とパニックであった。尼僧は勇敢に闘い、殴られてもそれに耐え、声を限りに叫んだ。観衆は静まって、もう誰もスローガンを唱えようとはしなかった。

後にその一人が語ったところによれば、兵士たちは尼僧を「犬の死体」のように引っ張って、舞台から引きずり下ろそうとした。それでも彼女たちは鎮まらなかった。殴られれば殴られるほど「ダライラマ万歳！」と叫んだ。兵士たちが彼女たちを公園の出口に連れていったが、そのあまりの暴力に、観衆の一部もとうとう憤慨した。あちこちで誰知れず叫び声がした。「手加減しろ。虐待するな」。しかしオペラの風刺劇から突如現実に戻って麻痺してしまったかのように、政治スローガンはまったく叫ばれなかった。

公園の外に出た兵士と十二人ほどの逮捕者は、道を横切りノルプリンカに隣接する基地に向かった（ガワン・サンドル以外に、一九九〇年八月二十一日に逮捕されたガリの尼僧は、次の通りである。ゲルツェン・チョンゾム、ゲルツェン・ドルカル、ゲルツェン・ラクツァム、ゲルツェン・モンラム。ミシュンリの尼僧は、ゲルツェン・チョドン、ゲルツェン・ルンリク、カルマ・チンレ、ルンドプ・サンモ、ロプサン・チョドン、ガワン・テンドル、テンジン・ガワンとテンジン・トゥプテンである。証言により異なるが、尼僧の数は全部で十三人か十四人であった）。

少女と、半ば気絶した友だちたちは、ぼんやりと他の制服の男たちを目にした。数十人いるだろう。ジープもあるし、悪名高い囚人護送車とおぼしきものもあった。

尼僧たちは兵士にジープの格子に打ちつけられ、鼻を埃まみれにして後ろに引っぱられ、また打ちつけられ、とうとう気絶した。打ち傷や青痣だらけになり、身体はよごれ、目には血と涙が混じり、関節が脱臼した人形のようになって、ゴミ袋みたいに自動車の後ろに放り込まれた。

少女は二番目のジープに入れられた。目的地はグツァ、頑固者の監獄である。

6　拷問と尋問（一九九〇年）

グツァの拘置所は、一九六〇年代の初めに強制労働所の跡に建てられ、街から離れて北東の山の近くに位置している。鉄の扉と、割れた瓶のかけらを突き刺した塀は砦のようだ。中央の並木道から大きな木の植えてある道が通じている。遠くの平屋の格子のはまった窓の後ろに、拘置者の部屋が見える。他の壁は拘置所をいくつもの区画に分けており、建物の周りには広い中庭がある。

ジープは一つの中庭の前に止まった。兵士が尼僧を下ろし、地面に押し倒し、脚で蹴り起こした。二列の男が彼女たちの前に立っていた。陰険なお出迎えだ。その中を一人ひとり前進しなければならなかった。右列のものが最初に殴り、それから左列のものだ。そしてまた右列のもの、という具合に、最後まで……。尼僧は倒れ、起き上がろうとし、また倒れた……。少女は十一歳で童顔にもかかわらず、右から左へとピンポールのように飛ばされ、他の者と同様、中庭に行き着いた。

　こうして集められた誇り高きノルプリンカの叛徒たちは、見るもみじめであった。眼は赤く、頬は腫れ、唇は切れ、服は血まみれで、彼女たちは傷とこぶ、涙と苦痛だらけだった。そして快適な僧院で考えていたのとは想像を絶する暴力に、信じられないといった表情でお互いに眺めあっていた。

　一人の男が彼女たちを観察していた。残忍なことで知られたチベット人ショ・ケルサンだ。中国人の女看守が彼女たちの身体検査をした。ベルトをとり、靴ひもも、下着のゴムひもまでもほどいた。そしてポケットに入っているお金とかいろいろな物を取り上げた。拘置者は壁の前に一メートル間隔に並び、手を上に挙げた。そして動かず、不平を言わず、ロウ人形のように八月の太陽の下でじっと立たされた。

　このショトン（ヨーグルト祭り）の午後、グツァにはほとんど誰もいなかった。看守の大半はピクニックをかねて、お祭りに出かけていた。だから尼僧たちは、ショ・ケルサンと中国人の監視の下で、彼らの帰りを待たされた。

　彼女たちは何が起こるのか分からないまま、こうして何時間も手を上に挙げたままでいた。血がにじみ出る傷口は太陽に焼け、身体中から汗が吹き出た。夕方になってやっと職員が戻り、一人の男がペンと紙をもってやってきた。

「名前は」と少女に聞いた。

「ガワン・サンドル」。

「どこの僧院だ」。

「ガリ」。

全員この質問を受け、それから三、四人のグループに分けられた。二人の看守につき添われ、最初のグループは隣接した中庭の入り口に連れていかれた。

奥に木が何本かあり、入り口の左すぐ近くに質素な家具が置いてある部屋があった。机が一つに椅子が数脚、ただそれだけだ。

尼僧は一人ひとり尋問された。チベット人のショ・ケルサンが質問し、もう一人がノートをとった。「どうしてこのスローガンを叫んだのだ」、「だれがリーダーだ」。看守は「リーダー」とか「組織」に対して、きわめて中国的に取り憑かれていた。彼らは「頭《かしら》」、「組織網の長」といったデモの最高責任者を突きとめようとした。ところが組織はまったく存在しなかったし、リーダーもいなかった。ただ勇気に押し流された、無自覚な子供たちがいただけだった。

彼女たちはどんな名前も挙げないし、どんな作戦も白状しないので外に出された。五、六人の中国人が椅子に坐って、たばこを吸いながら眺めていた。「見せ物」の始まりだ。

制服を着た三人の看守が彼女たちを殴り、石をぶつける仕打ちを始めた。彼女たちはたばこを吸う見物人が静かに眺める前で、泣き叫び、呻いた。叫べば叫ぶほど看守は殴った。叫び声は隣の中庭で順番を待っている尼僧たちにとって耐え難かった。特に少女はおびえていた。向こう見ずなようで、彼女がいちばん幼くいちばんかよわかった。傷ついた身体はもう自分のものではなかった。頭からつま先まで震えが止まらず、ズボンの中で小便をしてしまった。

可哀想な四人が最初の中庭に戻ってきた。ガワン・サンドルも他の者もじっとしていなければならないので、彼女たちを助けることはできなかった。無力にも、彼女たちが数メートルのところで横たわるのを眺めるだけだった。彼女たちが、意識を取り戻すには、長い時間がかかるだろう。

二番目のグループが尋問室に入ると、尼僧の一人は拷問者の一人を知っていた。テンパ・ラプゲルだ。間違いない。ラサの占星医学院で働いている女友だちの夫だった。彼も彼女に気がついた。

「お前、こっちに来い」。

「何も悪いことはしてないわ。スローガンを唱えただけで、何も責められることではないわ」。

「よし、こっちに来るんだ」。

彼女は近寄った。

「何をしたんだ」。

「ただ叫んだだけよ、それだけよ」。

テンパ・ラプゲルがあまりにも強く殴ったので、彼女は失神するところだった。彼は、手に木の枝を何本か持った別の看守に彼女を渡した。この男は一言も言わず、手に持った枝で打ち、同僚は石を投げつけた。

少女は最後から二番目のグループだった。彼女が拷問室に入ると、一人が彼女の年齢に驚いた。

「おい、お前はここに来るには若すぎるじゃないか。どうしてデモをしたんだ。お前はチベットのことなど何も知らない、チベットが独立しているかどうかも知らないくせに。お前はこの悪い尼僧たちに従っただけだ、そうだろ」。

拷問者はきっと彼女がリーダーの名前を言うと期待したのだろう。しかしガワン・サンドルは一言も言わなかった。あたかも何時間も太陽の下で友だちの引き裂くような叫び声を聞いて震えながら立たされたことで強くなったかのように、頑固に無言のままでいた。拷問者が、殴っても、殴っても、彼女は口を開かなかった。

夜になって拷問は終わった。少女は拘置所の中庭に横たわっていた。友だちに助けてもらわなければ歩けなかった。佝僂病《くるびょう》の尼僧が一人だけ殴られなかった。拷問者はたぶん迷信からそうしたのだろう。他の者はみな同じ目にあった。尋問、殴打、尋問。

それでもバター抜きのお茶と小さなティンモ（蒸しパン）が支給された。チベット人のショ・ケルサンが言った。「よし、もう家に帰ってよし。この少女に注意しろ。両親のところにとどけろ」。

家に帰るなんて、両親のところに連れていくなんて、真っ赤な嘘だった。それはショ・ケルサンの冗談だった。グツァは落とし穴だった。ガワン・サンドルは、ここで人生の一年を失うことになった。

7　グツァの孤独（一九九〇年）

グツァの最初の夜。不安の夜、孤独の夜。部屋は十二人くらいを収容するように作られているが、ガワン・サンドルは夕方の拷問の後、共犯者から離され一人にされた。ベッドは壁に備えつけてあるただのコンクリート板で十二あるが、マットレスも毛布もなかった。その一つに疲れと苦痛で押しつぶされ、体じゅう青痣だらけで、服を着たまま横たわった。部屋には家具はいっさいなく空《から》だ。獄中生活に最低必要なもの以外、余計なものはまったくなかった。鉄、コンクリート、窓の格子、排泄用のたらい一つ。

翌朝夜明けに看守に起こされ、他の尼僧と一緒に尋問室に連れていかれた。「だれがこのデモを考えついたんだ。扇動者はだれなんだ。どうしてやったんだ」。彼女は何も言わず、どんな秘密も明かさなかった。しかし看守なのか、兵士なのか、警察なのかわからない三人の男は頑として納得しなかった。数人の従業員が見物に来ている前で、一人が尋問し、もう一人がノートを取り、もう一人が拷問した。尋問者が彼女の言うことに矛盾があると思うと、三人で協議し、また一層の暴力と悪意で拷問が再開された。

このグツァでの最初の日にガワン・サンドルがどんな仕打ちをされたのかは、誰も知らない。少女は誰にも話さなかった。チベットの女は嘆いたり、自分を不憫《ふびん》がったりはしないが、彼女はなおさらそうだった。しかしどんなひどいことにも怯《ひる》まない彼女が、恐ろしい道具――クランクと先端に金属製のペンチがついた長い電線の入った十五センチメートル×二十センチメートルくらいの黒い箱――を使う三人組にどんな目にあわされたのかは容易に想像できる。

拷問を受けるものは床にうつぶせに横たわり手を背中に回す。一人の男が、動けないようにふくらはぎの上に立つ。もう一人がペンチを首でもどこでも取りつける。三人目がクランクを回して、耐えられない高圧電流を流す。次の日にこの拷問にあったガワン・サンドルの友だちは、この感覚を決して忘れないと言った。「腸が胸に遡ってきたみたいで、吐きそうになる。身体がひきつり、自分が震えているのか、それとも震えは抑えられない体内の振動にすぎないのか分からなくなる。いずれにせよ最後は気絶してしまう。靴で蹴られて気がつくと、どうしようもなく弱り切っている」。

最初の一週間は、少女は毎日三回、尋問を受けた。十一歳であろうと変わりはない。むしろ逆であった。看守は、彼女は若くて理論上はまだ「治る」可能性があるから、思い知らせてやろうとしていた。そうでなければ、こんなにやっきになるはずがない。缶詰の缶で殴ったり、クランクの箱と同じくらいに恐ろしい電気棍棒で殴ったりした。彼女は中国人が好むもう一つの拷問にもかけられた。飛行機だ。腕を背中で結び、腋の下にロープを通して、肉屋の冷蔵室のように天井に釣り下げられた。一人の男が細長い金属製の帯のついた鞭で彼女をたたき、縁日の見せ物人形のようにぐるぐる回した。

一週間後、拷問は急に終わった。ノルプリンカの謀反者からはもう何も得られないと分かったのだろう。それなら監獄にぶちこんで、宗教を禁止し、惨めさと辱めという別の拷問を味わわせればよかった。結局のところここでの生活そのものが、もうすでに苦痛ではないか。

部屋には暖房がなく毛布もなかった。夜、気温が零度近くになると、少女はセメントのベッドで震えた。日中暑くなると、部屋は小便と大便の臭いがたまらなかった。備えてあるたらいは一杯にならないと空けられないし、それも看守しだいだった。男性であれ女性であれ、看守が外界との唯一の接点だった。チベット人であれ中国人であれ同じだった。カーキ色の制服、黄色の縁の帽子、鉄鋲つきの編み上げ靴。部屋というよりは籠からは、ガリの尼僧もミシュンリの尼僧も誰ひとり見えなかった。

最初の頃、尋問室に連れられていくとき、近寄ることも話しかけることもできなかったが、数人の尼僧を見かけた。家族との連絡はまったくとれなかった。両親さえも彼女がどこにいるのか知らないでいた。祭りの日に彼女が逮捕されたと知って、兄と姉は警察署を回ってノルプリンカの逮捕者がどうなったかを訊いたが、誰も教えてくれなかった。グツァに監禁されていると分かったのは数カ月してからであった。

このまったくの孤独の日々は、看守、台所の従業員、一般刑囚人が運んでくれる三食で日が過ぎた。

朝は一杯のお茶と、最低の小麦粉で作られたまずいティンモ一つだけ。昼はまたティンモと、土が混ざり、よく虫の死骸が入っている野菜スープ。すべてに悪臭がした。グツァでは他の監獄と同様に、部屋のたらいの排便は野菜の肥料に使われた。温室で育てられる野菜は、スープに供される前にほとんど洗われなかった。夜にはスープはなく、またしてもティンモとお茶であった。耐えられないのは、水が飲めないことだった。どういう理由か分からないが、監獄の責任者は少女には飲み水も洗顔用の水も一切与えない拷問を加えていた。雨が降ると窓の格子から手を出して、コップに数滴でも集めようとした。でも腕が短すぎて、コップは空のままだった。

九月になって他の尼僧がグツァにやって来た。彼女たちを収容するために、八月二十一日に逮捕された尼僧の大半は一部屋に集められた。しかしガワン・サンドルにはこの幸せもなかった。年齢の故に彼女は特別扱いだった。他の者は裁判にかけられたが、彼女は免除された。同様にゴミを焼いたり、便所を汲み取ったりするのは、十五歳以上の者に課されて彼女は免除された。この比較的寛容な扱いの代償は、ますます重くのしかかる孤独であった。他の部屋に移すことは論外で、部屋仲間を入れることはなおさらだった。

秋が近づき、寒さよりも飢えよりも隔離が耐え難くなった。幸いなことにグツァの恐慌にも一瞬の喜びがあった。たらいを空けに行くときに、友だちに出会うことがあった。看守の注意がそれているときには話すこともできた。何のことはない、小さくささやく言葉だけだが、今の状況ではなんとかけがえのないことか。ちょっとした盗みで逮捕されている非行青年が、大胆に使い役をしてくれることもあった。「政治犯」とはちがって、彼らは拘置所内で比較的自由で、部屋から部屋にありとあらゆる情報を伝えていた。

ある朝二人の官吏が来て、八月二十一日に逮捕された尼僧は近々ラサの裁判所に出頭する旨伝えた。出頭しなくていいのは最年少の二人、ガワン・サンドルとミシュンリの若い尼僧ゲルツェン・チョドンだけであった。残りの十二人は「弁護士が欲しいか」と訊かれたが、「いいえ、誰も要りません」と自分の責任を取る政治犯らしく答えた。それに弁護してもらって何になるというのだ。事前に筋書きが決まっている喜劇裁判からは何も期待できない。

案の定、告訴状を読み、事実とは何の関連もない出来事を列挙した後、裁判官は三年から七年の懲役を言い渡した。最後に「過ちを後悔していますか。控訴しますか」と尋ねた。一人ひとり、同じ答え。「何も後悔していません。ですから控訴はしません」。

ノルプリンカの舞台に登って、三年から七年の懲役！

三分の自由のために、三年から七年の懲役！

この判決はチベットの恐慌の法外さ、不正義を物語っている。いずれにせよ一九九〇年の暮、少女は友だちの尼僧が長期刑用のダプチ監獄に移されるのを見送った。

彼女は移送されなかった。ここにどれくらい残るのだろう。たぶん一九九一年の夏までの数カ月だろう。

友だちの裁判の後も隔離は続いたが、拘置条件は少しよくなった。看守からいろいろな仕事を言い渡された。朝はラサの通りを掃除する拘置囚のグループに加わった。ときとしてはかつての強制労働者のように、石割りもさせられた。監獄の自動車を洗うときは、いつも小さな声で歌を口ずさんだ。そしてもう一つの緩和のしるしは、まもなく訪問が許されるということだった。大好きなチョチョが最初に訪ねてくるのだ。

8　チョチョの涙（一九九〇年）

彼との間には格子があった。正門の近くの普通の格子。許可をもらい、彼女は近づいて格子越しに手を握り、彼が持ってきた食料の包みを受け取った。監獄に入ってからもう三カ月以上も経っており、今チョチョが、このいまいましい格子の向こうにいた。青年は涙を流し、喉をつまらせ、かつて中国人の俳優の物まねをしてよく自分を笑わせてくれた、その同じ妹なのかと自問しながら、妹を見つめていた。髪は伸び、目つきは変わり、急に成熟し、大人の一徹さを身につけたように顔つきがきつくなっていた。

チョチョは次に訪れたとき、それを確信した。このときはもっと長い間、もっといい条件で会うことができた。チョチョは監獄の二つの門の間にある広場まで入ってくることができた。

麺と、豚肉と、魔法瓶にはいったお茶——ねっとりした本当のバター茶——を持ってきたので、二人は芝生の上に坐って、思いがけないピクニックをすることになった。祭日に街のまん中の公園にでもいるように、仲好しの兄と妹がグツァでピクニックをしているなんて、信じられない光景だった。周りはコンクリート、鉄、有刺鉄線、監視塔、巡回路ばかりだが、彼らは芝生の上で、世界には自分たち二人しかいないように感じていた。

目の前にしてみると、彼女は弱くもあり同時に強くもあり、完全に大人の世界の仲間入りをして、もう戻って来ることはないのが分かった。拘置された最初の数カ月の経験が、彼女に深いしるしを残した。男たちの残忍さが、彼女の子供の最後の幻想を奪いさった。

看守が彼らを監視し、その動向を窺っているが、それでもグツァに着いたときのことをこう語った。「チョチョ、告白しろと、ひどく殴られたけど、告白なんかしなかったわ。一週間飲み水がなくて喉が乾いたとき、窓の格子越しに雨水を集めようとしたの……」。

青年は驚いて、グツァの悲惨な話に耳を傾けた。彼女は監獄のことはもう何でも知っていた。彼女はもっとも人を傷つける不正義も知っていた。「女看守のほうが男性の倍も残忍で、中国人よりもチベット人のほうがひどいのよ。彼女たちは嘘つきで、怠け者で、仕事は全部一般刑の囚人にさせるの。家族が送ってくれる食料や衣類の包みは、彼女たちが盗ってしまうので、私たちに届くことはほとんどないのよ」。

それから数カ月の間、チョチョは何度も彼女を訪れた。たてまえ上は、訪問は二週間に一度と決められていた。でもすべて看守の気分しだいだった。九時に着いても、がっかりして帰る訪問者もいた。包みを犯罪囚人に託し、彼らはそれを検査してもらい、その後で「政治犯」に渡すと約束してくれた。しかし当然のことながら、いつもそういくとは限らなかった。

チョチョは、うまくいって妹と話すことができたとき、最初に再会し、次にピクニックをしたときに感じた力強さときびしさを彼女に感じた。声は震えないし、目はいっさいの感情を表わさなかった。グツァは彼女を変えた。

9　崩壊した家族（一九九一年）

家族にとっても、少女の投獄は一つの時代の終わりだった。逮捕からしばらくして、まだ両親が彼女の居るところを知らないでいるとき、警察が来てアパートを調べた。彼女の交友関係、影響を受けそうなところ、抵抗運動グループとの関わりなど、ありとあらゆる質問をした。警官はどちらかといえば礼儀正しく、家の若い者が妹の活動は何も知らない——事実そうだが——と言っても、怒鳴ったりしなかった。僧院に入ってからの彼女はまったく一人立ちしていて、兄弟の誰もノルプリンカでデモをする計画など知らなかった。兄弟は彼女のガリ寺院での生活も、「反革命」の友情のことも、何も知らなかった。冬の夜を共に過ごしたチョチョにも、何も打ち明けていなかった。

父親のナムゲル・タシは、大きい子供も小さい子供も、子供の監督をはじめ家のことはすべて妻に任せていた。ガワン・サンドルのことを気にかけ自慢に思っていたが、心配はしていなかった。だから警官が家にやって来たとき、牡牛は動じる様子もなく、ちょっとばかり警官を軽蔑するかのように、家長として落ち着いて自信を持って彼らを迎えた。

驚くべき男で、根っからの抵抗運動家だった。闘争に熱中するあまり、ラサの南の生まれ故郷のロカに何カ月も引き籠ることがあった。表向きは仏教徒がときどきする瞑想のためのお籠り、心の休養であった（こうしたお籠りは、僧侶とガワン・サンドルの両親のような熱心な信者がする。導師の指導の下に数日から数カ月、ときには数年続く。導師が孤独や外部との接触の度合いを決め、いろいろな尊格の法要を指定する。日々は瞑想、経典の学習、文法、仏教関係の芸術品の制作にあてられる）。

実際にはダライラマの書いたものを勉強し、政治文書を配布することに費した。彼の隠れ家は独立運動家にとっての宝庫だった。チベットの国旗を印刷する黄色、赤色、青色の木綿の印刷軸といった貴重品まであった。

ふだん牡牛は、煽動家、親方の役割を務めていたが、ときとして自分から計画して抵抗運動を行うこともあった。ある晩、村のポールに貴重な旗を揚げた。そして告知版を釣り下げた。「旗を下ろそうとするものは、死の危険にさらされる！」六時間たって、ようやく警官がポールに登った。そののち、ナムゲル・タシが特に信頼できる仲間がいるサムエ寺をはじめあちこちに旗が出現した。

悲しいことに、一九九一年の六月初め、首都では再び中国の抑圧に不満の声が上がろうとしているとき、サムエ寺の僧侶の一人が逮捕された。その知らせを受けるや、牡牛は時間がないことを感じた。身動きがとれなかった。遅かれ早かれ、仲間は拷問されて白状し、彼は逮捕されるだろう。緊急に家族の一部を隣国のネパールに、そしてそこからダライラマや同胞が亡命しているインドのダラムサラに逃がさねばならなかった。四〇〇キロメートル南のネパールとの国境を通過する方法はいくつもなかった。中国当局が正規のパスポートをくれるのは、疑いをかけられていない者か――彼は当然それに該当しない――、外務省の役人に賄賂を渡す財力がある者に限られていた。だから地下組織を頼るしかなかった。そうすればビザも、税関の検査も、標識のある道も関係なかった。

旅は三、四週間かかり、人通りのある道を避け、標高五〇〇〇メートル以上のところを歩かなくてはならなかった。毎年、何千という男女、子供が、この高地に挑戦した。案内人とともに、あるいは案内人なしで、信じがたい量の荷物をもち、峠から峠へとヒマラヤに命を賭けて、中国人のパトロールと寒さと恐怖と飢えとを物ともせず、彼らは冒険に旅立った。逮捕されれば監獄行きであった。成功すれば、少なくとも一度はダライラマに会う幸福が待っていた。亡命の手本を示したのは他ならぬダライラマであった。一九五九年三月の一夜、彼は護衛されて、この超人的な冒険に旅立ったのだ。

ナムゲル・タシの状況は、まだそこまで緊迫していなかった。当面しなければならないのは、一番危ない息子たちをインドに送ることだった。ラサで掃除夫をしている二十歳くらいの息子が、第一に亡命しなくてはならなかった。彼は偶然のことからチベット自治区庁の前でのデモに加わり、デモ参加者の死体を運ぶのを手伝っているところを、警察に写真に撮られてしまった。だから彼は逃れなければならなかった。少女の大好きな兄チョチョも同様で、家族の他の者ほどではないにしろ政治活動に関わっていた。両親にこれきりで会えなくなるかもしれないが、インドに逃げなくてはならなかった。

家族全員の運命が、数時間のうちに決まろうとしていた。

一九九一年六月十二日夜、ガワン・サンドルが育ったテンゲンリン寺院跡のアパートに警察がやって来た。そのときいたのは父親の牡牛ナムゲル・タシと姉のリクジン・ドルカルだけだった。タシチョリン寺院で瞑想している母親が留守の間は、彼女がその代理を務め、彼女自身の二人の幼い赤子と家族の面倒を見ていた。温和で活動的な若い女で、自動車修理工と結婚していたが、夫は妻の実家の政治活動を好ましく思っていなかった。

警察が居間——かつて皆が中国語に吹き替えたイタリアの映画をテレビで見た部屋——に入ったとき、牡牛は坐って静かにパク（ツァンパと、お茶と、バターを混ぜたもの）を食べていた。彼はこの夜間の侵入者に驚かなかった。サムエ寺の僧侶が逮捕されてから数日来、こうなるだろうと覚悟していた。娘はただ驚いていた。警官は全員中国人だったが、威嚇的ではなくむしろ親切だった。しかし娘は父親が罠にかけられているのを察知していた。警官は二人を離して別々に尋問したので、彼女はもう父親と話すことも、姿を見ることもできなかった。

ガワン・サンドルが子供時代に精を出して世話した小さな仏間も、他のどの部屋も捜査された。警官は仏壇に隠されたダライラマの教え、独立運動のビラを発見した。激怒した警官は仏壇を壊し、家具を脚で蹴り、食器を割り、天井の木綿布を剝がした。彼らはあらゆるものを探し出した。

カセット、小冊子、そしてなんとチベットの国旗まで。夜のかなりの時間をかけて押収品のリストを作り、カセットを聴いた。手錠をかけられたナムゲル・タシは、当分は家に帰って来られないことを覚悟した。監獄が待っていた。五年から十年、寛大な扱いは期待できないだろう。

アパートを出るとき、一人の警官が恐怖に震えている娘に言った。「本当なら、お前も逮捕するところだが、赤ん坊が二人いて、助かったな」。

彼女はこの見知らぬ男たちが、父親を引きたてて連れていくのを眺めていたが、父親が薄着なのに気がつき、上着を摑んで中庭に駆け出た。

「お父さん、お父さん、これ持っていって。風邪を引くよ」。

彼女は、牡牛に睨まれびっくりした。

彼は、「カツム（しゃべるな）！」と怒鳴った。

これが彼の最後の言葉だった。娘を守るために発した、怒ったような心にもない言葉であった。しかし家族を危険に陥れるようなことは何も言うな、何もするな、という彼の最後の言いつけだった。

アパートは台風が通った後のようにひっくり返されていた。家具は開け放たれたままで、皿は割れ、服は床に放り出され、ツァンパ、砂糖、その他あらゆるものがごちゃ混ぜになっていた。リクジン・ドルカルは何時間ものあいだ虚脱状態に陥って、赤ん坊の泣き声も耳に入らなかった。元サムエ寺の僧侶で今は街の維持班で働いている弟が、夜明けに夜勤から帰ってきて、この状態の姉を発見したが、彼女は何が起こったかさえ説明できなかった。

彼は彼女を鎮めてから、台所に行ってお茶を用意した。しかし湯呑みを手に持って戻ると、警官がいた。今度は彼の番だった。彼は牡牛の組織網に属していて、寺のポールにチベットの国旗を掲げたと疑われていた。少し前に父親がそうされたように、この青年も手錠をかけられ、二人の警官に挟まれて家を後にした。

数時間のあいだにリクジン・ドルカルは、父は逮捕され、アパートは荒され、そして弟の一人も連行された。彼女はどうしていいのか、誰に相談したらいいのか分からず途方にくれた。母親も尼僧の姉も、瞑想にタシチョリン寺院に行っていて助けてくれない。気を取り直して力をふりしぼり、何とか友だちの僧侶のところまで行き、起こったことを話した。「お願いですから、このことを母と姉に伝えてください」と頼んだ。

親切な僧侶はそれを引き受けた。すでに逮捕者を出したこの家族の周りは警察の目が厳しいため、俗人の服装で行くことにした。ヨーグルトを幾瓶か集め、家から家に乳製品を売って歩く行商人のふりをした。この変装で、ラサの郊外の丘にある寺院に行き、姉の部屋の扉を叩いた。

「尼さん、ヨーグルトはどうですか」。

この朝の訪問客に少し驚きながらも、彼女は扉を開け、すぐに彼が誰か分かった。

彼女自身、十年間強制労働所で過ごしたので、事態の深刻さをすぐに理解した。彼女にとって今いちばん大切なことは、母を守ることだった。母親は心臓が弱くて、この知らせが致命傷になりかねなかった。幸いなことに母親は、静寂を求める瞑想者用の少し離れた小屋に住んでいた。尼僧は母親にはすぐには知らせないことにした。そして、つい今しがた起こった出来事でまだ動転している妹リクジン・ドルカルの許に駆けつけることにした。

　中庭に着くやいなや、彼女は扉のところにいる妹を見つけた。目は恐怖におびえ、正気ではなかった。

「逃げてよ、逃げてよ、みんなのようにあんたも捕まってしまうよ。警察が戻ってくるよ」。

　尼僧は彼女をなだめようと近寄ったが、ヒステリー状態になった妹は彼女の胸を殴って押し返した。

「どうして来たの。逮捕されてしまうよ。逃げてよったら。逃げてよ、逃げてよ、逃げてよ」。

　悲しみでいたたまれなかったが、尼僧の姉はリクジン・ドルカルが一人でこのショックを乗り超えることを願いながら、僧院に戻ることにした。

　問題はまだ終わってはいなかった。母親に知らせるべきだろうか。ひと月して瞑想の期間が終わったとき、彼女は母親に滞在を延ばすように勧めたがだめだった。「もう帰らなくては。いつまでも、お前と一緒にここにいるわけにはいかないわ。お父さんも子供たちも、私が要るの」。

　どうやって母をもっと長い間守ったらいいのか、逮捕を、そして亡命を隠そうか。ラサに着けば、夫がいないことは分かるだろう。娘たちはしめし合わせて、牡牛は勝手にまた瞑想に行った、ということにした。母親はそれを信じ込んだ。が、ある日隣人が、何も知らずに尋ねた。「ところで、御主人はどうですか。監獄の生活は、辛くないですか。あなたも、御不幸たいへんですね」。

　衝撃は大きかった。そのうえ誰も夫がどの監獄に入っているかを知らないことが、彼女の健康を一層悪化させた。グツァか、ダプチか。実のところ彼はラサのサンギプにいたが、家族がその知らせを受けたのは数日後であった。その知らせと同時に、少女が間もなく釈放されるという、この呪われた夏の唯一のいい知らせも届けられた（ガワン・サンドルがグツァからいつ釈放されたかは、正確には分からない。しかし一九九一年七月、つまり父親の逮捕から数週間後であろう）。

10　最後の選択（一九九一年）

身体つきは変わっていなかった。髪だけが伸びていて、尼僧にしては長すぎた。このグツァで過ごした一年は、ガワン・サンドルを消耗させはしなかった。若い身体には、汚なさも、病気もこたえなかった。拷問にも、殴打にも、寒さにも、恐怖にも耐えた。好き嫌いなど言っておられず、まずいティンモと虫の入ったスープで満足せざるをえなかったが、チョチョが訪れたとき心配した、ぽってりした頬の見にくい腫れ物はなくなった。彼女の変化は内面にあった。親しい者だけが彼女のこの変化に気がついた。目つきは鋭くなり、感情を一層抑えるようになった。そして信念はますます強くなっていた。

監獄から出ると、なにより辛いことが待ち受けていた。母の死である。監禁の最後の数週間は、母を病院に見舞うことが許されたが、彼女の気持ちにもかかわらず、最期を見届けることはできなかった。あわれな母は、夫がどんな刑を受けているかも知らず、息子が無事にインドに着いたかどうかも知らずに亡くなった。息子からの最初の手紙がチベットに届いたのは、母が亡くなったあとだった。

ガワン・サンドルは釈放されるとすぐに、二人の姉と一緒に母の葬式にとりかかった。母の年代のチベットの女は信仰心があついため、しきたりに沿ったきっちりとした葬儀をしてやらなければならなかった。三人の僧侶が母の遺体を三日間見守った。しきたりどおり、僧侶は祈りと読経で身体から遊離した魂を導き、転生を助けた。友だち、隣人、親戚がやってきて、家族に挨拶をし、焼香し、遺体にカタ（白い絹のスカーフ）を捧げた。黒い布に包まれた遺体は、葬儀場に運ばれ、しきたりに従って切り裂かれ、禿鷹に食べさせた。身体を離れた魂は自由となり、死と再生の間のバルド（中有）をさまよう。七週間のあいだ僧侶は法要を続け、彼女が再び人間に生まれ変わり、知恵の道を継続できるように祈った。

この試練を独力でくぐりぬけた三姉妹は、二人の兄弟が無事インドに着いたことを知って安心した。兄弟に母の死を知らせるべきだろうか。年若いチョチョのことが心配だった。あまり丈夫でない彼にとって、亡命生活に慣れるのは辛いことだろう。よけいな哀しみは味わわせないほうがいい。それにいつか知る時が来るだろう。

チョチョはダラムサラのヤクというレストランで、偶然新聞記事を見て、母の死と父と兄の逮捕を知った。友人たちは必死に彼をなぐさめたが、突然怒り狂った彼は、テーブルと椅子をひっくり返して、泣き崩れてしまった。彼をダライラマの寺ツクラカンに連れていき、バターランプを灯して亡くなった母の冥福を祈った。

少女の釈放の直前に、家族は崩壊してしまった。母は亡くなり、父、叔父、兄弟の一人はおそらく数年間獄中生活を送ることになり、チョチョともう一人の兄弟はインドに逃れてしまった。いちばん上の尼僧の姉はこの事態にどう対処していいか分からず、二番目の姉リクジン・ドルカルはまもなく離婚してしまった。自動車修理工の夫は、妻の実家は政治活動が活発すぎるので、一家から離れたいと思っていた。幼いガワン・サンドルはガリ僧院に身を寄せることもできなかった。寺院は政治犯として逮捕された者を受け入れることを禁じられていた。彼女の先生をはじめ年上の尼僧は、彼女を喜んで引き受けたにちがいない。しかし中国当局はこの点に関してきわめて厳しく、僧院は法律を犯すわけにはいかなかった。

少女は家族の世話をすることに専念した。ことにリクジン・ドルカルの二人の子供は、彼女の手が必要だった。一日中バルコル広場で、母の残した小さな店を出し、駄菓子、たばこ、トイレットペーパー、古着を売って、残った家族を支えた。しかし姉には分かっていた。この子は今は家のことをしているけど、また政治活動に戻るに違いない。父親の牡牛と同じで、予見できず、頑固で、根っからの闘争家だ。ある日またデモの先頭に戻るのは明らかだった。

それをなんとか避けようと、姉は彼女にインドに亡命するように勧めた。そうすれば少女は、兄弟、ことに大好きなチョチョと一緒になれる。そして今までのことを証言し、牡牛の逮捕を告発することもできる。「お前は若い。するなら今よ。この機会を逃したら、もう一生がだいなしよ」と姉は言った。

ほとんどの同胞チベット人と同じように、三人の姉妹はダライラマの亡命先ダラムサラに関して、美化されたイメージを持っていた。不法のもぐりのビデオを見て、生活も、宗教も、政治闘争も、何もかもすべてが理想的なうっとりする街を想像していた。そしてチベットの危機に西洋が立ちはだかり、支援の手を差し延べると夢想していた。

この力強く一つに団結した西洋という神話は、不健全な誤解と、民主主義の概念の自分勝手な解釈から生まれており、チベットの悲劇の中の最悪なものの一つである。その西洋とは自分たちに都合のいい概念に過ぎず、中身は空で、道義上の要求などあるわけもなく、遠く離れた「世界の屋根」のことなどどうすることもできない。西洋の政府はどんな政府であれ、中国に怖じけている。ひとにぎりの少女が拷問されたところで、十億人の潜在的なマーケットの気持ちを害したりはしない。憤慨するのは、ただ少数の勇気ある者だけだ。フランスでも他の国でも、党派を問わない国会議員とか、そして何よりもチベット人支援委員会のような何十かの団体くらいのものだ(この数年来、フランスの何人かの国会議員がチベット支持の活動をしている。ヤン・ガリュ〈シェール県の社会党議員〉、ジャン・ポール・デュリウ〈ムルトゥ・エ・モゼル県の社会党議員〉、ルイ・ドゥ・ブロワシア〈コットゥ・ドール県のRPR党議員〉、クロード・ユリエ〈ムルトゥ・エ・モゼル県の中庸派上院議員〉など。彼らは全員ガワン・サンドルのために運動した)。

しかしヒマラヤ越えの試練を乗り越えて、亡命者が運よくダラムサラに着くと、彼らが自分たちの不幸を語る相手は、チベットの支持者であるこの西欧なのだ。その結果集められた情報は、今では円滑に機能するようになった手段で、世界に発信されるが、それは限られた一部の人にしか届かない。各国の政府は無関心だし、中国人はなおさらだ。

三人の姉妹は、こうしたことを何も知らなかった。ヴォイス・オブ・アメリカとかラジオ・フリー・アジアといった外からの限られたラジオ番組と、コートの中で手渡されるビラでしか自由情報が手に入らなかったラサでは、彼女たちは西欧の支援を信じたかったし、少女をできるだけ早くそこに送りたかった。

亡命の準備として、政治亡命者になったとき役立つようにと、姉は少女を英語教室に通わせた。彼女はこれに熱中した。チョチョの友だちが彼女の成績に目を見張ったように、彼女は驚くべき記憶力を持っていた。

いちばん新しい知らせによると、父ナムゲル・タシはサンギプの監獄に収容されていた。裁判はまだ数カ月先だったので、その間に二人の姉は面会の許可をもらった。幸いなことにこの日の看守は親切で、少しの間だが話すこともできた。もちろん近くにいて、こっそりと会話を聴いてはいたけれども、口出しはしなかった。それほど面会は感動的だった。牡牛は六十歳くらいで、泣いている娘を慰めた。

「娘よ」と優しく話しかける。「私が戻ってくるなどと期待してはいけない。私はもう年寄りで、お祈りをするばかりだ。家に帰っても、もう何もできることはない。年上のお前たちが、弟や妹の面倒を見ておくれ。私たちのアイデンティティと文化を守るために、できるだけのことをしておくれ。生き長らえて……」。

泣きながら、姉は言う。

「お父さん、そんなふうに話さないで、そんなこと言わないで。家に帰ってこれるわよ」。

「さあ」、会話を聴いていた看守が割り込んできた。「お父さんの言うことを聞きなさい。言うとおりにして、心配しなさるな。食べ物は支給されているし、拷問もされていない。私の同僚は尋問するだけで、殴ったりはしない。泣いても仕方がないだろう」。

面会時間が過ぎても、親切な看守はそれに気がつかないふりをして、もう少しの間一緒にいさせてくれた。

別れぎわ、ナムゲル・タシはゆっくりと遠ざかって行った。建物の角まで来て左に曲がろうとして振り返り、泣いている娘を見た。

娘は「お父さん、お父さん」と呼びかけた。

父は大股で戻って来た。父と娘は抱き合った。看守は優しくそれを引き離し、娘を門まで送って行った。彼女たちは歩いて来たので、看守はトラクターの運転手に、彼女たちを街まで乗せていくように頼んでくれた。

ラサへの道すがら、サンギプの建物が遠ざかっていくのを眺めながら、リクジン・ドルカルと姉は、父がどれくらいの刑を受けるのか考えた。五年、六年？　判決は数カ月先だった。長期刑用のダプチ監獄で、八年の刑だった。

少女がガリの僧院、そのお堂、谷の白っぽい岩が見える部屋を離れて、一年以上が経った。年長の尼僧の、教えられることが多い授業を受けなくなってから一年。彼女の保護者ノリ・ドンドプは、ガワン・サンドルに母親にも似た愛情を抱いていて、彼女の精神修行が無駄になってしまうのに耐えられず、とても苦しんでいた。この子供――そう少女はまだ子供なのだ――は間違いなく才能があり、その年にしては稀《まれ》な分析力を持っている。お経にしても、英語の文法にしても、習うものは全部記憶してしまう。ノリ・ドンドプは法律を破って、彼女をガリに連れ戻そうと決心した。隠してでも、必要ならベッドの下に隠してでも。

ノリ・ドンドプはすでに亡くなったが、ガワン・サンドルを助けるためにできる限りのことをした。二人の証人が、自分の可愛がっている娘のために、ラサで乞食をしている彼女を見かけたと述べている。そして一九九二年に、ガワン・サンドルが母の供養のために最後の法要を頼んだのは、この保護者の尼僧とガリの友だちにであった。

この日少女は、姉リクジン・ドルカルと、自動車修理工と別れた後に新しく姉の夫となった義兄と一緒に、僧院におもむいた。尼僧は彼女が母のために祈るのを見て、彼女の悲しみの深さを思い知らされた。悲しみが顔に現われていた。しかし彼女は、絶対に泣かなかった。まるで十三歳で、すでに涙が涸れ尽きたかのように。

他の多くの僧院と同じように、この僧院も抵抗運動の重要な拠点であった。少女と友だちは影響力を持っていた。その年の初めから、独立運動のかどで一六八人のチベット人が逮捕されており、ガリ僧院もこの愛国の熱に侵されていた。共産主義の正しい道に若い尼僧を導くための再教育班は、少女が友だちと彼らの鍋に穴を空けていた頃より、もっと長く滞在し、一層きびしかった。

一九九二年の春、再教育班が一カ月間ガリ僧院にやって来た。首都ラサで反対運動があり、警察は尼僧たちが参加したのではないかと疑っていた。再教育班は大勢、二十人くらいで押しかけて来たが、混血の二人を除いて、全員チベット人だった。彼らが着くとすぐに、尼僧は彼らがかなり正確に状況を把握していることを知った。もっとも決心の固いものは以前から「標的」にされており、このみせかけの再教育は、彼女たちを罠に陥れるためのものだった。

再教育者は、ガワン・サンドルが以前にいた部屋の隣の応接間で食事をした。彼らは一日じゅう中庭で、尼僧を説教し、教訓を垂れた。それは単なる授業ではなく、洗脳であった。十一人の尼僧が抵抗し、共産主義の教義を撥ねつけたが、すぐに逮捕された。それで教育班は、頑固者を隔離するという目的を達成したのだ。

友だちは弾圧され、家族は崩壊し、という状況の中で、少女は未来を模索した。姉の勧めに従ってインドに行こうか、チベットに残って駄菓子でも売ってほそぼそと暮らそうか。あるいは父親の道に従い、もっと深く政治活動に関わろうか。選択は以前から決まっていた。

11　ふたたびグツァへ（一九九二年）

なぜ、この日に。なぜ、この場所に。彼女がなぜ反対運動の先頭に戻ったのか、答えられるのは彼女だけだ。母親と同じように、数カ月前、毎日駄菓子や古着を売っていた場所からすぐの中国警察署の前で、一九九二年六月十八日に何をしていたのか、そうなった詳しい状況はもっとも親しい友だちすら知らない。ただ一つはっきりしていることは、同じ僧院のもう一人の尼僧コンチョ・ツォモ――同い年、同じ身長、同じく頑固――が一緒だった。一緒に「中国人はチベットから出ていけ！」、「独立！」、「ダライラマ万歳！」と叫び、一緒に逮捕された。そして、以前と同じことの繰り返し。殴打、叫び、警察の装甲車。そしてグツァに帰還し、十一年の地獄。

この日拘置所に着いたガワン・サンドルは、もちろん入所手続きを覚えていた。最初の中庭、二番目の中庭、尋問室。部屋に入ってすぐに、彼女は二つの変化に気づいた。チベット人の拷問者ショ・ケルサンがいないことと、役人が比較的静かなことだ。部屋は変わらず、机が一つに、

1992 年 6 月のデモで、少女が逮捕されたラサの中央広場

椅子がいくつか。ベッドが一つ加えられたのは、なぜだろうか。看守の休養用？　ひょっとしたら……、そう、看守の中には、女囚を犯すのを愉しみにする者もいる。人権擁護団体は、グッァだけでなく他の監獄でも、若い女囚が性的虐待を受けた例を毎年何十も告発する。処女の性器に電気棍棒をさしこむという無惨なことも行なわれる。尼僧にとって強姦は、禁欲戒を犯したことと同じで、もっとも不名誉な傷である。

少女とコンチョは、こうした残忍な目にあわされるのには幼すぎたけれど、幼いからといって他の拷問から免れられはしなかった。ガワン・サンドルは初めてここに来たときから、それがどんなものか知っている。でも、運がよかったのだろう。恐ろしいショ・ケルサンの後任のチベット人は、彼女たちを哀れに思い、中国人警官が部屋に近づいてくるのを見て、彼女たちをベッドの下に隠してくれた。警官が出て行くのを待って、尋問を始めた。少女も、逮捕のとき腕に怪我をした「同犯」も拷問されなかった。看守に殴られただけだった。グッァでは特別待遇である。

ガワン・サンドルにとって、監獄生活の再開だ。朝はティンモ、昼はスープ、夜はティンモ。コンクリートのベッド、明け方の冷え込み、たらいの臭い。今回は、虫が一杯いるとはいえ、とにかくマットレスがあり、家族から毛布も送ってもらえた。

隣の部屋には、友だちが何人かいた。数週間前に逮捕されたガリ寺院のロプサン・ドルマもいた。たらいを空けに行ったり、水を汲みに行ったりするときにときどき出会った。運がよく——そう、少女は今回はついている——親切な看守だと内緒話をさせてくれた。

でもこの状況は一時的なものだった。ガワン・サンドルは判決を受け、長期刑用の監獄にいずれ移されることを知っていた。「覆滅および分離活動への煽動」というまさに中国的な告訴で、いかなる希望も許されなかった。十三歳半で！　たった数分間の自由、言葉、たんなる言葉、抵抗のために！　このちょっと太った少女が、それほど危険だというのか。彼女が一人で巨大な「人民共和国」の均衡を脅かすというのか。彼女の悲壮な怒声が十二億の中国人を危険に陥れるというのか。一メートル五〇、人形のような頬、傷ついた子供のまなざし、こんな敵なんかに躍起になる北京は病気であり、独裁に酔っている。

判決は四カ月後に言い渡された。懲役三年。グツァではなくダプチであった。父の収容されているダプチ。

12 ダプチの監獄（一九九二年）

ダプチ、チベットのアルカトラズ（訳註：かつてアメリカ合衆国のサンフランシスコ湾中の島にあった、アメリカで一番監視の厳しい監獄）。監獄中の監獄。

街の北東に位置するこの巨大な施設の正門を入ると、ガワン・サンドルは一連の宿営からなる軍事基地を目にした。基地に隣接した監獄は、左手の二つ目の門、そしてもう少し先の三つ目の門を過ぎてからだ。七つの監視塔が建っており、有刺鉄線が張られた三重の壁は、もうそれだけで脱獄の望みを絶たせる。

中央の通りの左右に、建物がいくつか建っており、一連の倉庫がある。そしていちばん奥に父のナムゲル・タシが収容されている五区がある。入り口近くの右手に三区があり、数十人の政治犯を含む女囚用である。そこは監獄の中の監獄で、二重の厳重な門のある壁で囲まれている。牡牛の区画をはじめ、他の区画との接触は不可能だ。

ガワン・サンドルは、制服、毛布、規律書の入った包みを受け取ると、三区に連れて行かれた。ここには、一九九〇年八月にあの演劇の最中に舞台に登ったデモの仲間も収容されていた。ガワン・サンドルは、ミシュンリ寺院の尼僧を見つけた。グツァで逮捕された直後に、不幸にも拷問者の中に友だちの夫を見つけたのは彼女だった。少女が入って来るのを見て、彼女は自分の目が信じられなかった。

「どうしてここにいるの？　私は、あなたは自由の身だと思っていたのに、また私たちの仲間に加わるなんて」。

「あなたたちがいなくなって、寂しかったの。みんなに会いたかったから、来たのよ」とガワン・サンドルは冗談のように言った。

信じられない小娘だ。旅行から帰って来た家族の一員のように、伸び伸びしていて、元気で、心から嬉しそうだった。公称「チベット自治区第一の監獄」ダプチは、彼女の政治的舞台であり、彼女なりの闘争の継続の場である。ここにいることはすでに行動することであり、存在することなのだ。

この自己施与の精神を理解するのには、チベット人で、そして仏教徒でなくては難しいだろう。ダライラマによれば、一般的な意味においての宗教ではなく「心の科学」である仏教は、いつも西洋人をとまどわせる。これは私たちには理解できない知的迷路だ。苦しみという底知れぬテーマは、不可解極まりない。少女の勇気は疑うべくもないが、それ以上に、この最悪な事態を耐える能力には、運命の甘受という姿勢があるのではないだろうか。

この謎を解くためには、仏教の基本に戻らねばならない。生き物はすべて死に、別の形でどこかに生まれ変わる。今生においては、今までの生の果報を受ける。男性であれ、女性であれ、動物であれ、今の生で起きることはすべて、前生の善悪の行ない、欲望の結果である。言いかえれば、各人は、自分の幸福、不幸に責任を負わねばならない。知恵と慈悲によって、いつかこの果てしない輪廻《りんね》から逃れ、涅槃《ねはん》に達することを望むことができる。「純真な動機で有益な行ないをすることによって、自分の将来を形作っていくことができる」とダライラマは言っている。こうして見れば、死はただの一齣で、恐くはない。「死は避けられないものと分かっているので、不安に思う必要はない。私にとって死ぬこととは、古着を新しいのととり替えるようなものだ。それ自体は目的ではない」(『自由は遠くに』、ファヤール社、一九九〇年)。

この哲学から、特異な存在の概念が生まれる。人は本質的に無知でどん欲である以上、人生は当然苦しみである。つまり、この世では誕生、病気、死、別離……あらゆるものが苦しみである。この苦しみをなくするのには、人のために道義的に完全な行ないをすること、そしていつも超越していることが必要だ。仏教徒は、苦しみや喜びの瞬間を十分に生きても、時間の経過と共にその一瞬一瞬を消滅させる術《すべ》を心得ている。そうすることで、彼らは仏の教えに従おうとする。「苦しみを知りなさい。その原因を棄てなさい。苦しみを断ちなさい。正しい道を歩みなさい」。

少女の「道」はダプチに通じていた。十二人ほどの部屋で、少なくとも友人たちと一緒にいられる幸せはあった。誰もが新しく入った者に、抵抗運動の最新のニュースを聞く。僧院はどうなったの？　再教育班は相変わらず強硬なの？　デモはまだあるの？

ガワン・サンドルは、自分が数カ月間自由であったときのことを話した。

「母は父の逮捕を知って病気になったの。心臓病が悪化したわ。グツァでの数週間、私はとても心配したわ。幸いなことに、病院に見舞いに行く許可をもらったの。でも母は私が釈放される直前に亡くなったわ。監獄から出て、母の葬儀をし、リクジン・ドルカルの息子や家の面倒を見たわ。彼女はすごく落ち込んでいて、泣いてばかりいたわ。バルコルですこし働いて、姉が私をインドに送りたがったから、英語の授業も受けたの。警察が何度も家に尋問に来たわ。バルコルでデモがあったので、コンチョ・ツォモとガンデン寺の三人の僧侶と一緒に行ったの。そして「覆滅および分裂活動への煽動」で三年の刑よ。その後は知ってるでしょ」。

ダプチはグツァではない。ここでは、部屋をはじめ何もかもが違っていた。彼女の部屋は暖房もなく、水もなく、十二人ほどを収容できた。ベッドはシングルベッドで、毛布とシーツがあてがわれた。青味がかった灰色の金属製の階段ベッドが部屋のあちこちにあった。同じような作りの部屋が十二ほど並んでおり、看守の部屋は建物のまん中で、トイレと台所の中間にあった。

ここでは政治犯を監視するために、一般刑の囚人を一人は部屋に入れ、一種のスパイをさせていた。しかしこうした「もぐら」が、全員そうしたスパイ行為をしたわけではなかった。中には、祈ったり、政治のことを話したり、内規を破る者を告発するのを拒否する者もいた。少女の隣の部屋に入って来た囚人の運命は、尼僧たちを驚かせた。ツェヤンは十七、八歳の在家の娘で、ダプチに移される前に、シガツェとサンギプの監獄に入っていた。「一般刑囚」から「政治犯」に、彼女の話はいち早く広まった。

父親がいないツェヤンは、いつも母親と一緒だった。母親は弱くて、気が沈みがちな女で、非常に暴力的な男と再婚した。母親は自分の夫がツェヤンを犯したと知って、急に健康状態が悪化し、哀しみのあまり死んでしまった。ツェヤンは家を出て、南チベットのシガツェに行き、老婦人の召使いになった。しかし老婦人は彼女を奴隷のように扱い、給料もくれなかったので、ツェヤンは抗議した。激しい口論のあげく、老婦人が殴りかかろうとしたので、彼女はやむなく石を投げた。それが頭にあたり、老婦人は倒れ死んだ。殺人で訴えられたが、年齢のせいで情状酌量してもらい、終身刑ではなく六年の懲役となった。

ツェヤンが三区に収容されてから、看守は彼女に部屋で政治犯をスパイするように強要した。しかし彼女は拒否し続けた。ここの新しい友人たちは彼女を可愛がってくれるので、彼女たちを裏切りたくなかったのだ。怒った看守から報復（殴打、独房、刑の延期など）をすると威され、耐えられなくなったツェヤンの健康は、肉体的にも精神的にも危険なまでに悪化した。最後は悪性の消化不良で絶えず吐くようになり、一種の精神錯乱に陥った。母親が森の中に現われ、彼女に来るように言っていた。

ある朝、ダプチに悲劇的なニュースが広まった。可哀想に、ツェヤンが部屋で首をくくったのだ。囚人がナイフで綱を切ったが、ツェヤンは息を吹き返さなかった。横になって、目は開かず、心臓の鼓動はますます弱まっていった。

知らせを受けた看守は、急ぎもせずやってきて、監獄の病院に連れて行くことにした。しかし彼女はそこに長くはいなかった。彼女を診察した医者が、ラサのもっといい施設にできるだけ早く送った方がいいと診断した。救急車がないので、自転車タクシー――そう人力車――でラサまで運ぶしかなかった。

囚人が一人と看守が一人、生死の間をさまよう哀れなツェヤンと一緒に後ろに坐った。ラサに着いて、当惑した看守は若い女がベッドから落ちたと信じ込ませようとした。しかし医者は立腹し、馬鹿にするなと怒鳴った。首には絞めたあとがあり、窒息の症状が見られた。もうツェヤンは手遅れだった。力が尽き、心臓は鼓動しようとしなかった。ツェヤンは、その人生がそうであったように、哀しみと暴力の中で亡くなった。風習に従って、彼女の遺体はセラ寺近くで切断され、禿鷹の餌になった。

ダプチではグツァ以上に一日の予定が分刻みに立てられている。

四時三十分。号笛。起床。女囚は青い制服を着、ベッドを軍隊式に整頓する。シーツはきれいに伸ばし、毛布は四角く折り畳み、枕は所定の場所に。

五時。一時間体操。中庭で、隊列を組んで駆け足。それは彼女たちにとっては苦しいものだった。拷問の後遺症があるものにとっては特にそうだった。彼女たちが早く走らなかったり、頻繁に躓《つまず》いたりすると、竹棒で殴られ、「過ちを認めます」とか「分離主義者に反対です」と叫ばされた。看守は中国人も、全員チベット語を話した。囚人もチベット語で話し、中国語を話す者は稀であった。それは教育程度の問題でもあったが、中国語は話さない、という主義の問題でもあった。

六時。部屋に戻る。各人ベッドの前で気をつけをして、朝の検査。看守が整頓状態、清掃状態を検査する。少しでも畳み方が悪いと、棒で殴られた。看守は緑色の毛布を取って地面に投げ捨て、二分以内に——時計で計測される——畳み直すように命じた。一人ひとり星の数で採点され、ノートに記帳された。看守から見て星の数が足りないと、ほとんどは面会禁止というかたちで罰を受けた。めったにないことだが、反対の場合は減刑も考えられた。

六時三十分。朝食。軽くて、格別なものはなかった。ティンモ一つと塩の入ったお茶。一時間の体操の後では不十分だった。

七時。仕事の開始。かつての牢獄のように、監視の下での強制労働。大半の囚人は、暑すぎる温室の中でくたくたになりながら働いた。ダプチには温室が数十あり、囲いの壁沿いの、あるいは近くの原っぱに並んだ白い温室は飛行機からよく見えた。彼女たちは六人一組になって汗まみれになりながらトマト、かぶら、人参などいろいろな野菜を栽培したが、水は飲めなかった。一つ一つの温室の収穫は細かく数えられ、一年の規定量に達しないときは、罰則が科せられた。市場で売られる野菜は、温室の中でよく育った。監獄や軍事基地の便所、さらには監視付きで近所の家から集めた糞尿が肥料であった。

十三時。昼食。軽く、格別なものはなかった。ご飯と、一週間も同じものが続く野菜、キャベツがよく出た。卵も牛乳も決して出ることはなかった。野菜は水洗いされていて、きれいだが、味がなかった。内規では、囚人は一週間に一度は肉をもらうことになっていた。入所したときの小冊子にはっきりと書いてあった。実際には調理人は野菜の中に数かけらの脂肪と豚の皮を入れてごまかしていた。食事は、バケツに入れて各部屋の前に運ばれ、順番に一人が給仕をした。食事が終わると、二人が中庭にある水場で皿を洗った。

十三時三十分。休息。少なくとも名目上はそのはずだった。これも小冊子に書いてあった。しかし監獄当局は、この休みの時間に、囚人は部屋で編み物をするように強要した。それは彼らの商売であった。一着ごとに、監獄には五元（七十五円）の収入になった。囚人一人が一年に二十二着編むので、一年で一一〇元、これを数十倍すれば結構な額であった。彼女たちは三区の売店――看守が経営していて法外に高い――で毛糸を買って、帽子、セーター、靴下を家族用に編んでもよかった。原則として、編んでいる間はあまり大きな声を出さない限り、おしゃべりは許されていた。しかしすべて看守の気分しだいだった。逆に本や新聞は禁止であった。

十四時。作業に戻る。今度はほんとの作業で、糞尿腐敗タンクと過熱した温室の中だった。どちらにしても臭いには大差ないが、温室のほうがはるかに暑く、中には気絶するものも出た。殺虫剤が喉を刺して咳が出るが、ここでは病気は気まぐれと見なされていた。温室のせいであれ何であれ、理由の如何を問わず、囚人が病気になると、部屋を監視する看守に報告しなければならなかった。看守は主任看守に報告し、主任看守が病人を看護室で診察させるかどうかを決めた。大半の申請は却下された。

十八時。夕食。軽く、格別なものはなかった。ティンモ一つだけ。お茶もなし。それが分かっている彼女たちは、朝の分を少し残しておいた。

十八時三十分。休息。規則上はそうであった。これも小冊子にはそう書いてあった。でも一年

1　監視塔　　2　有刺鉄線のある塀　　3　最初の門

4　第二の門　　5　第三の門

6　警備員が出入り、訪問者を監視する入り口

7　1996年にできた新しい医療室

8　授業、会合が行なわれる大きな建物

9　カメラ

10　すべての式典が行なわれる、中国国旗が中央にある広場

11　一般刑囚人部屋（ルカ）の区画。一般刑囚人はダプチの中を、自由に行き来できた。政治犯は中庭に面した部屋のある区画にいなければならなかった。

12　独房

13　政治犯の新しい五区画に至る。

14　三区の旧ルカ。この最も新しいルカが「旧」と呼ばれるのは、「古株」を収容したからである。

15　三区の新ルカ。1996年以前は、政治犯の五区だった。このルカが「新」と呼ばれるのは、新入囚人を収容したからである。

16　蛇口　　17　物置　　18　台所

19　集会所、梳毛所、テレビ室。壁に黒板が架けてある。

20　新旧ルカを隔て、結ぶ門

21　花壇

22　看守の区画。事務所は二階にあり、一階は独房。

23　トイレ　　24　外庭のある独房　　25　売店　　26　シャワー

27　予備尋問室

28　本格尋問室

29　三区と中央広場を隔てる壁。幅1メートル、高さ1メートル20センチで、看守はその上を巡回する。広場側に有刺鉄線がある。

30　軍事基地に至る。

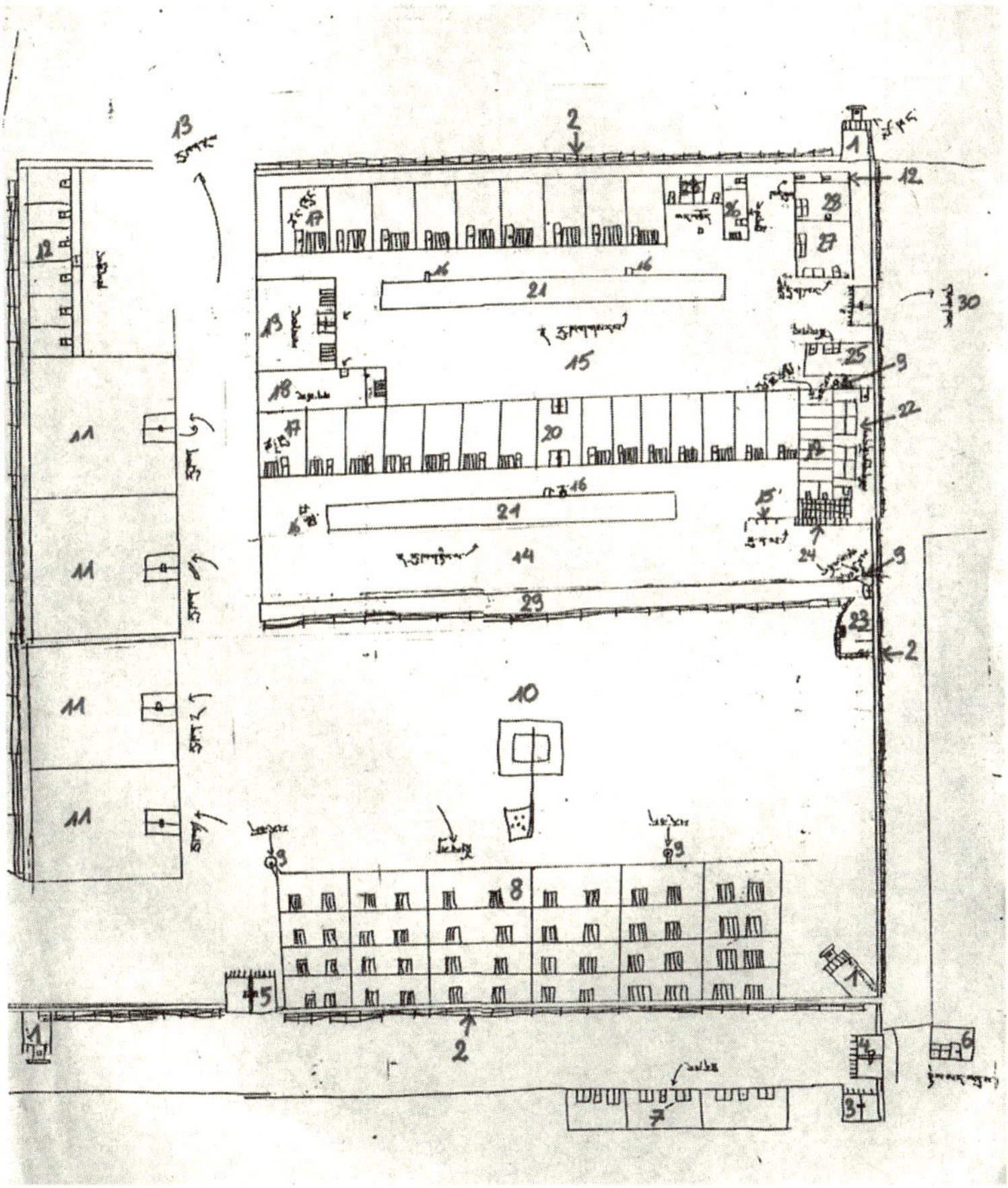

ダプチ監獄の見取り図（1999 年）。ガワン・サンドルの友だちでかつての囚人による。

の規定量に達するため、この時間もセーターを編まねばならなかった。

十八時五十五分。トイレ休憩。これが寝る前の最後。部屋ごとに、十人くらいずつトイレに行った。時間が計られていた。早くしなければならず、しかもつごうよく尿意を催さなければならなかった。時間がかかりすぎると、全員が罰せられた。冬の極寒の時期に、遅れた者を中庭に連れて行き、看守がバケツの水を地面に撒くことがあった。水は凍り、彼女たちは裸足で氷の上に立たされた。

十九時。号笛。部屋に戻って、制服を整頓し、気をつけ。遅れて来ようものなら、ビンタであった。一番、二番、三番……と、ハキハキ、敬いの気持ちを込めて、点呼がとられた。看守が「よろしい、全員ベッドに」と言い、最後に笛を鳴らした。彼女たちは毛布を伸ばし、スリーピングバッグに入るように潜り込んだ。灯りが消え、ドアが閉まり、看守の足音しか聞こえない。静かな夜。


面会は月に一度であった。面会人と同じように、囚人も面会が待ち遠しかった。面会人は、政治犯は一度に一人、一般刑囚人は三人で、砂糖、粉ミルクといった食料品を少し差し入れることが許されていた。三十元を上限にお金も許されていて、囚人はそれで石鹸、歯磨き、月経帯といった必需品を、獄内の売店で買った。

一九九三年の初め、最初にガワン・サンドルに面会に来たのは、タシチョリン寺で尼僧になっているいちばん上の姉であった。

受付で、姉は少女の俗名チョンゾムで面会を申し込んだ。実際監獄では宗教名は関係なく、戸籍上の名前が唯一だった。

「あなたの妹の名前は」と看守は名簿を見ながら聞き返した。

「チョンゾムです」と尼僧は繰り返した。

「チョンゾム、チョンゾム……、そんな名前の者はこちらにはいないよ」と、名簿から顔を上げながら看守が答えた。

「もう一度見直してください。彼女はいますから」。

「いや、いや、いないったら」。

「ガワン・サンドルで見てください。尼僧としての名前です」。

所属した僧院の名前、逮捕された日といったことも告げた。看守は親切に探してくれて、このチョンゾムを見つけてくれた。どういうわけか、リクチョという妙な名前、むしろ愛称で登録されていた。とにかく監獄では彼女はこう呼ばれていた。監獄の仲間は慣習どおりサンドルと呼んでいた。看守にとっては、頭の回転が早くて気が強い小娘、「ネズミ」であった。

「面会できますか？」と姉が尋ねた。

「ええ、ここに呼びますから」と看守が答えた。

しばらくして、少女が面会所に現われた。長い髪と青い制服で見分けがつきにくいものの、まちがいなく少女だった。

無遠慮な見張りの視線の前で、親密さを示すことなどできなかったが、小さな声で、看守を警戒しながらも、姉は家族の消息を伝えた。たった数百メートルのところにいるのにガワン・サンドルはまだ会ったことがない父のこと。姉によれば、父は元気で、壁に囲まれて老いるのを静かに諦観している。いかに苦しみが伴おうと、この牡牛にとっては、これからもチベット問題がすべてである。

少女は、インドに亡命した二人の兄のことも知りたがった。二人ともダラムサラに辿り着いていた。チベット語教師の道を歩み始めたチョチョは、姉が母の死を知らせてくれなかったことを恨んではいても、成功するため家族の名誉となるため頑張っていた。妹のことを自慢にしているけど、誰にも話さなかった。彼女のことも、他の誰のこともだ。それは彼の世界であり、彼の秘密であり、苦しみだった。青年はこの数カ月の出来事で大きく動揺した。不安と思い出にさいなまれ、黙って苦しんでいた。彼がこの重荷から逃れるには、あと数年の歳月と、非常な勇気が必要だろう。

もう一人の家族が、彼にインドで合流した。これからラサの家の大黒柱になる、二番目の姉リクジン・ドルカルの息子だ。彼女の二人の息子は、祖父が逮捕された夜に家にいた。グツァを出てから数カ月間自由の身であったとき、ガワン・サンドルはよく彼らの世話をした。

それから状況は変わった。下の息子だけが母親リクジン・ドルカルとチベットに残り、五歳になるかならずの上の息子は秘密裏にインドに逃れた。

一九九〇年代の初めには子供の亡命はよくあることで、十月から三月のヒマラヤ越えのシーズンには、何百という家族が、チベットの教育を受け、自由な将来を築くために子供を旅立たせた。

両親は道案内を雇うだけの財力があるか、さもなければ自分自身でネパール、さらにはダラムサラまで子供を送り、一人でチベットに戻ってきた。いずれにせよ、別離は往々にして決定的なものとなり、若い亡命者たち──事実上の孤児──はダラムサラとは別のところにある診療所、幼稚園、学校といった専門施設に入ることになった（一九八三年から一九九三年までの十年間に、国外〈インド、ネパール、ブータン〉のチベット人学校の入学者は五八パーセント増加した。一九九五年十二月三十一日時点で、Tibetan Children's Village には、一〇、六二三名の生徒がおり、うち六、二三六名が寄宿している。他にもチベット人王女が建てたムスーリの Home Foundation, Sokar School と通称されている青年受け入れの専門施設 Sherab Gatsel Lhobing, ダラムサラの Tibetan Transit School〈二〇〇一年初めで寄宿者七〇〇名〉などがある。子供を亡命させる親への処罰は、公務員は罷免、配給券の没収とますます重くなっている）。

子供の亡命をくいとめるために、北京は警告を出した。インドで生活した子供は、教育が終わってチベットに戻っても仕事に就くことができない。そんな警告を発する理由は、中国の最悪の時代、即ち毛沢東時代を思い出させる。外国と接触することで、彼ら祖国の裏切り者の思想がけがされる！ 中国人は、長期的展望に立って自分たちに抵抗できるエリートが出現するのを恐れているのだ。

ラサはこの超人的な遠征を企てる道案内に事欠かない（フィリップ・ブルサール、『ヒマラヤの反逆者たち』、ドゥノエル社、一九九六年）。それは東チベットの頑丈な山岳民族カンパの独壇場だ。高地の道をたどり、危険をものともせず、中国人、ネパール人の警邏《けいら》を避けて夜歩き、子供も含めた十人ほどの逃亡者の案内をする。この道案内には報酬が必要で、それは往々にして非常に高い。少女の姉リクジン・ドルカルは、息子の将来がかかっているとはいえ、そのお金がなかった。

幸いなことに、彼女は一九八九年の暴動のときに腹に傷を負った僧侶を助けた日のことを思い出した。もし彼女が彼を近くの家に引き込み、医者を呼び、タクシーを止めて病院に送っていなかったら、僧侶は数時間で死んでいただろう。そのとき僧侶の兄弟は、一生感謝しますと彼女に言った。「お礼に、何でもします。どんなことでも、困ったことがあったら連絡してください」と念を押した。

長男をインドに送ろうと決心したとき、リクジン・ドルカルは彼に援助の手を求めた。寒さの中を、時としては雪の中を、五歳の子供を連れて数週間も歩くことを引き受けてくれるだろうか。しかし彼は約束を守り、この風変わりな二人連れはヒマラヤ目指して旅立って行った。傷ついた小羊を羊飼いが背負うように、子供は僧侶の帯で縛って背負われた。僧侶は先のことを考えて、お菓子やチョコレートを用意して来た。高地の道を登りながら、僧侶は肩ごしにお菓子を子供に渡した。子供は食いしん坊だがすぐ嫌になって、「道案内」の気にさわらないように受け取るが、すぐにポイと棄てた。歩くこと数週間、そしてインドで何時間もバスに乗り、ようやくダラムサラに辿り着いた。

幼ないガワン・サンドルは、チベットでもインドでも家族は無事と聞き安心した。家族全員の中で、結局いちばん心配なのは彼女だった。尼僧の姉タムジン・ラモは、ダプチでの面会の機会にそう注意した。その年齢（三十四歳）からして、また尼僧の資格からして、彼女は妹を叱ることができた。二人の看守が彼女たちを監視している中で、姉は気をつけるように、健康に気を配るように、そして活動熱を鎮めるように言い聞かせた。ガワン・サンドルは姉の助言を侮辱と受けとめ怒り、黒い目にまっ赤な頬をして、面会机の下に手を入れ、姉をつねった。姉は、誰も、何も妹の気持ちを変えることができないと分かった。チョチョの言うのが当たっていた。よく笑い、無邪気だった妹は、別の世界に入り込んでいた。少女時代のお伽の世界からはるか遠く懸け離れた、抵抗と不屈の世界に。

13　歌う尼僧たち（一九九三年）

ダプチには、政治犯と一般刑の囚人が同居していた。一般刑の囚人は中央の通りの左側に収容されていて、政治犯よりも寛大な扱いを受けていた（この時期、一、二、四、六区は男性の一般刑囚人用にあてられていた。三区は、女の政治犯とわずかの一般刑の女囚を収容していた。五区には、少女ガワン・サンドルの父親ナムゲル・タシをはじめとする男の政治犯が収容されていた。この区は後になって二つに分けられ、各々に一室十二人収容の部屋が十二あった）。

彼らは食事もよく、監視も緩やかで、この巨大な監獄のなかでは比較的自由であった。中には外出許可をもらって、日中を家で過ごす者もいた。監獄は巨大で、ラサから一歩のところにある街の中の街であり、逃げ出す者も多かった。外出許可をもらった者の中には、そのまま忘れ去られたり、インドに逃げたりした者もいた。少女と友だちはそれを面白がった。役人の愚かなところである。みんなグプカ（馬鹿）だ。

政治犯の女囚――当時は六十人ほど――にとっては、外出も減刑もありえなかった。いずれにせよ、彼女たちは脱獄しないことと減刑を申請しないことを誓っていた。このセメントと有刺鉄線の地獄にいることが、すでに彼女たちの活動であった。彼女たちを結びつける連帯と愛国心は何にもまして強かった。逆説的であるが、この不如意な生活は彼女たちに誇りを、さらには幸福感までもたらした。彼女たちはチベット問題で結ばれており、監獄の幾多の苦しみに培われ、不幸によって強化された真実の友情と共通の名誉とを奪うことは、看守はなおさらのこと、誰一人としてできなかった。

看守――中国語で督堂――は、全員が全員悪人というわけではなかった。少女は着いてまもなく、いちばん寛容なのは三区の看守長、チベット人のデチェンだと分かった。立場上いつもそういった態度を見せるわけにはいかないけれども、デチェンは尼僧たちを可愛く思っていた。彼女は決して厳しく叱責しないし、囚人の状態を心から気の毒に思っていた。囚人はその行ないを星の数で採点されているので、デチェンは彼女たちに減刑――まずないことだが――のために星を集めるよう勇気づけた。残念ながら他の督堂はそんなに親切ではなかった。中国人のチャンは、政治犯への憎しみを隠そうとせず、彼女たちを辱めることが、何よりの楽しみだった。

政治犯は、看守が送り込んでくる一般刑の囚人を警戒しなくてはならなかった。しかし裏切りの例はほとんどなく、非行者や一般の犯罪者は、可哀想なツェヤンのように、尼僧を尊敬し賞賛した。さらには闘争の手伝いをする者さえいた。

ダプチは、監視塔、三重の塀、安全扉にもかかわらず、抵抗の拠点であった。区から区へ情報は伝わり、口伝えの伝達も機能し、円滑に機能する組織網が囚人の名簿、見取り図、証言といった文書を外部に持ち出した。外部に持ち出された資料は、抵抗組織が活用し、ダラムサラに伝達され、親チベット組織に受け継がれた。それとは逆に囚人はチベット、インドの状況の推移に関する情報を入手していた。ラジオが一般刑囚の部屋に持ち込まれ、ヴォイス・オブ・アメリカとかラジオ・フリー・アジアを熱心に聴くものがいた。こういう活動が見つかると、囚人は厳しく罰せられ、ことに刑が延長された。グツァのように、肉体的な処罰もあった。拷問、屋外での体刑、何カ月もの小さな独房での孤独。

少女をはじめ尼僧たちは、大きな期待を寄せる西欧にアピールするため、何をしようかと模索した。政治犯は一般にイニシアチブを共同のものとすることが多いので、誰がこれを思いついたのかは分からない。いずれにせよ一九九三年初めに、愛国の歌を録音して外国に送るという、突飛で素晴らしいプロジェクトに取りかかった。少女も、一九九〇年に逮捕された尼僧のうちの四人も、これに加わった。三区で秘密裏に準備されたこの計画は、十四歳の少女にとって、その短い人生での驚くべき冒険となった。

まずテープレコーダーを入手しなければならなかった。そこで尼僧たちは豚小屋で働く一般刑の囚人を思いついた。彼は間違いなく持っていた。豚小屋に残飯のバケツを運んで行くものがそれを目にしていた。貸してくれるだろうか。彼は親切だ。そしてお人好しだ。ちょっと嘘をつけば――正当な目的のために！――渋らないだろう。

「ねえお願い、家族から個人的な伝言が入ったカセットを受け取ったの。だから聴きたいの」と一人の尼僧が頼んだ。

「よし、数日だけだぞ。大切にしろよ。四〇〇元もしたんだからな」と豚飼が言った。

督堂に見つからないように、貴重なテープレコーダーをバケツに隠し、三区の隠し場に入れた。

それでも尼僧たちは完全に満足していなかった。いざというときに故障したり、何かが起こるのを恐れた。そういう事態に備えて、もう一台テープレコーダーが必要だった。

一人の尼僧が、一般刑の自分の従兄弟を思い出した。豚飼のように、彼もテープレコーダーを持っていた。嘘を言わなくても、喜んで貸してくれるだろう。親独立派のもう一人の囚人が仲介し、布に包んだテープレコーダーを持って来た。

今度は電池だ。そしてカセットも。尼僧が働く温室にいつも野菜を取りに来る女性がいた。親切だが、あまり賢くなく、ちょっと嘘をつけば――正当な目的のために――大丈夫だろう。

「家族から個人的な伝言が入っているカセットを受け取ったの。でもテープレコーダーの電池がないの。それに返事を入れるカセットもないの」と言った。

親切な女性は、次に来たとき、こっそりと電池とカセットを渡してくれた。

計画は完璧だった。看守長のデチェンが従兄弟のテープレコーダーを目にしたけれど、何も言わなかった。たぶん囚人が編み物の時間にでも、隠れて音楽でも聴こうとしていると思ったのだろう。

成功の確率を高めるために、いくつものグループが組織された。一つのカセットは、真夜中に部屋の中で録音することにした。

この夜、少女を含めて十四人が集まった。何か気配がするとすぐに「休止」のボタンを押しながら、一人ひとりが小さな声で詩か歌を家族に捧げた。恐怖と希望に震える短い言葉は、深い淵から出てくるかのようだった。

一人はこう言った。「外にいるあなたたちみなさんは、私たちを助けてくれました。本当にありがとうございます。決して忘れません。お礼に、この歌を捧げます」。

もう一人は、「お願いです。どうぞ心配しないでください。生き長らえていますし、私たちはみな、同じ決心で結ばれています」。

みんな一緒に、「両親に慰めの言葉を送ります。悲しまないでください。再会の時は近づいています」。

十六曲とも同じような調子である。独唱もあるが数人で歌う曲もあり、中国、チベットの民謡から着想を得たものであった。十三番目は一分以上の独唱で、とりわけ感動的である。

窓から眺める
空が唯一の景色
この浮き雲は
両親のように思える
私たち監獄仲間は
宝珠（ダライラマ）を探しに行く

殴られてもかまわない
お互いに組んだ腕は離さない
東の雲は地平線に留まってはいない
陽が昇る時がやってくる

二曲目は、もっと戦闘的だ。

私の心はダライラマ
生まれ故郷を後にした
でもチベットの三地区は結ばれて
仏教を守るために
中国人を追放せねばならない
ここ一両年に
私たちは独立する

八曲目は拘置の条件を告発するものだ。

私たちの食事は豚の餌

殴られ、乱暴に扱われ
監獄の苦しみは際限がない
でもチベット人民の決心の固さに変わりはない
決心は変わらない

このかつてない強力な資料をラサの、そして何よりも国外の同胞に渡さねばならなかった。それを遂行するための組織は今日でも秘密にされているが、一般刑の囚人の手で一号監獄を離れ、ダラムサラそしてヨーロッパに辿り着いた。フランスでは、「有雪国」の尼僧の闘争に無関心ではいられない歌手イヴ・ドュトゥイユの援助で、チベット人支援委員会により五〇〇部コピーされた。

尼僧たちは用心のために二つ目のカセットも録音しようとした。今度は日中で、前よりずっと危険だった。ガワン・サンドルは若いにもかかわらず、一九九〇年のデモの仲間と一緒に加わった。入念に用意された歌詞は、ダライラマとその将来のチベットへの帰還に関してであった。

しかし運が尽き、一般刑の囚人が密告した。中国人看守チャンが部屋に飛び込んで来た。激怒した彼女は、カセットを摑んで走り去った。不思議なことに、テープレコーダーは持って行かずに、捜索もしなかった。尼僧たちは罠に陥れられたのを知りながら、計画を最後まで実行することを決めた。あと一つカセットが残っていたので、夜、歌を吹き込んだ。しかし不幸にもチャンが真夜中にやって来て、テープレコーダーを二台とも没収していった。

歌った尼僧は、最悪の事態を覚悟した。殴打、拷問、男囚用の五区の端にある暗くて狭いダプチの独房。

一日が経った。また一日、そして何週間も。しかし誰も何も、責めたりとがめたりしなかった。この寛容さはどうしたことだろう。歌った尼僧たちは何も分からなかった。こっそりと調査しているのだろうか。督堂は自分らが処分されるのを恐れて、揉み消そうとしているのだろうか。それともダプチの神秘なのだろうか。というのは、この巨大な監獄では、ときどき不可解なことが起こるから。非常な緊張状態と、比較的平静状態とが交互するが、囚人にはこの振り子の動きの深い意味は相変わらず分からなかった。今度は、いいほうだ。でも、いつまで続くのだろう。

カセット事件でただ一人本当に心配したのは豚飼だろう。テープレコーダーの件で騙されて気を悪くしていたにちがいない。少し経ってから、歌を歌った一人がバケツに入った残飯を豚小屋に棄てに行ったとき、彼は冷ややかに、「おい、俺のテープレコーダーをどうしてくれるんだ。もう、もどってこないんだぞ。四〇〇元……、四〇〇元もしたんだぞ。いったい誰が弁償してくれるんだ」と言った。

尼僧たちは、恥知らずでも恩知らずでもない。歌を歌った者も、そうでない者もお金を出し合って、四〇〇元集めた。家族から毎月もらう小遣いで、この借金を返せた。しかし正式の処分に関しては、何もないままだった。そしてある日、一人ひとり中庭に呼ばれた。

ダプチの振り子は再び悪い方に振れた。当局の尋問だ。

「私たちは歌を注意深く聴きました。これは誰の考えですか。誰がリーダーですか。話しなさい」。

彼女たちは話した。でも、みんな同じことを。

「ずっと歌を歌うのが好きでした。誰からもそうしろとは言われませんでした。誰の影響でもありません。言ったように、歌が好きなのです。ただそれだけです」。

この日も、殴られもしなかったし、隔離されもしなかった。不思議にも辛抱強く寛容な当局は、彼女たちに対する証拠を集めているようだった。それにダプチの当局には、他の心配事があったのも事実だった。満員の監獄は拡張の必要があり、大工事が始まっていた。ナムゲル・タシが収容されている五区は、新しい建物に移って、三区は取り壊され、女囚は男囚の出た跡に入った。ガワン・サンドルとその友人たちにとって、施設はほとんど同じだったので、この引っ越しは何の意味もなかった。

彼女の部屋——一号部屋——は十二人収容で、白く塗られていた。ドアに面した奥の壁に三段の棚がある家具があり、そこに魔法瓶、茶碗、たらい、石鹸、歯磨き粉、歯ブラシといった身の回りのものを置いた。部屋のあちこちに、灰色がかった青色の金属製の二段ベッドが六つ置いてあった。マットレスは白いシーツで覆われており、制服と一緒に毎週洗った。明るい緑色の毛布があり、決して皺くちゃにしておいてはいけなかった。日中は、ベッドに坐ることは許されず、立ったままでいるか、床に坐った。外の中庭には水道があり、衣類や食器を洗ったり、朝の洗顔をしたりした。一部屋は物置きで、着替えの制服を入れておいた。

少女が新しい生活にようやく慣れた頃、一九九三年十月八日午後の初め、彼女はテレビ集会室に呼ばれた。部屋の前には、大勢の兵士が立っていた。ガリ僧院の二人の友だちゲルツェン・チョンゾムとゲルツェン・ドルカルと、他の囚人も呼ばれていた。ミシュンリのテンジン・トゥプテン、グループの中の年長者ナムドル・ロモ……など、十四人。歌を歌った十四人。「償い」の時が来た。

部屋は満員だった。一般刑も政治犯も、数十人が裁判に召集された。それは裁判だった。尼僧たちはすぐに分かった。ラサから来た三人の判事が、部屋の奥の机の後ろに坐っていた。兵士が電気棍棒を持って治安にあたった。騒動が起きたら知らせるために、中庭にも兵士が幾人かいた。

まず裁判所は、尼僧たちに弁護士による弁護を勧めたが、彼女たちは拒否した。彼女たちは、こうした状況の中では、弁護は何の役にも立たないことを知っていた。次に一人の判事が、聴衆も驚いた告訴状を読み上げた。もう一人の判事が「反革命プロパガンダの流布」と憤慨し、尼僧たちに言い渡した。

「この理由により、当初の刑を延長する」。

尼僧たちは額を上げ、判事を直視しながら聴いた。

「ダワ・ヤンキ、九年の延長」と裁判官が告げた（ダワ・ヤンキはテンジン・トゥプテンの俗名。役所では、宗教名を認めず、歌った尼僧は戸籍どおりの名前で呼ばれた）。

尼僧たちは冷静であった。

「ヤンゾム、七年」。

歌ったものの中で、いちばん年少の少女の番が来た。

「リクチョ、六年」。

刑を読み上げてから、裁判官は最後に、

「異議はありませんか。何か言うことは」

と尋ねた。

「いっさい何もありません」

と被告は答えた。

十六時くらいになっていた。裁判は終わった。三時間もかからなかった。すでに重い刑を、倍にし、三倍に（五年から九年の刑の延長）するための一八〇分。

これから八年をダブチで過ごすことになったガワン・サンドルは、少しも失望の色を見せなかった。叫びもしないし、涙も流さない、ただ冷静な無関心。中国の不正義に対するこの上ない挑戦であった。

「苦しみを断つに至りなさい。正しい道を歩みなさい」と仏は教えている。少女は、自分の道を行く。

14 厳しい弾圧（一九九四年）

判決の後、歌を歌った尼僧たちを悲しませたことが一つだけあった。彼女たちのひとりシュンシェプ寺院の尼僧は、ダプチにあと五年間残されることになった。当初の三年の刑期が終わって、あと少しで釈放というところだった。荷物も用意できていて、仲間は出獄者に贈る白いカタ（スカーフ）も用意していた。しかし裁判のおかげですべてが台なしになってしまった。他の十三人の尼僧は本当に気の毒に思い、逆に彼女が十三人を慰めねばならなかった。そして苦々しい思いは一切なく、これが自分の道なのだろうと言った（この尼僧は一九九八年に釈放された。彼女はインドへの脱出を試みたが、国境近くで中国人に逮捕された。三年の刑を宣告され、今彼女はラサのもう一つの監獄チサンにいる）。

新しい三区では、生活は元どおりになったが、ガワン・サンドルをはじめ歌を歌った他の者に対する、監獄当局による処罰は続いた。獄中生活は、親切だった看守長デチェンが中国に転勤になり、急速に悪化した。デチェンの転勤は、公には研修のためということだった。

彼女の後任もチベット人でペンパ・ブチといい、シガツェ出身で、三児の母、四十歳くらいだった。彼女は風刺マンガの督堂のようで、子供向けの本に出てくる「いじわる」役がぴったりだった。大柄で肉づきもよく、髪は黒く染め、いつもカーキ色の制服を着ていた。腰には太いバンドを絞め、上着には肩章をつけ、頭には帽子をかぶっていた。彼女の夫は、少女の父親がダプチに移される前に何カ月も拘留されたサンギプ監獄の長であり、彼女にとって秩序維持はお手のものであった。

ペンパ・ブチは約二千元（三万円）――その下で熱心に働くチャンやチュンカの倍以上――のいい給料をもらっていた。チャンやチュンカと同じように、政治犯を嫌っていて、「チベットは絶対に独立なんかしないわよ。あんたたちは白髪になってもここにいて、何もならないのに泣きわめいているのよ」と挑発した。

ペンパ・ブチには、どんな妥協もありえなかった。まもなく引き締めが始まった。まず知的――あるいはそう見なされる――活動、ことに尼僧が楽しみにしている週一回の英語の授業が中止された。チベットの歴史――中国版――も同様。ダプチに監禁されている六十人から七十人の尼僧を、少なくとも気持ちの上で助けたり、支持していると疑われた一般刑の囚人に圧力をかけ、部屋の中で親しくなることにも引き締めが強まった。ペンパ・ブチは威した。「尼僧と親しくしたら増刑ですよ。家に帰りたかったら、彼女たちをスパイして報告しなさい」。密告はほとんどなかったけれども、警戒しなければならなかった。政治論議、祈り、督堂に関する冗談といった禁止事項は、すべて報告されるかもしれなかった。尼僧たちは、特に夜、小さな声で話すとき一層警戒しなくてはならなかった。

監獄当局は、尼僧が他の囚人と接触する可能性があるということで、温室での作業を徐々にやめると発表した。事実接触は活発で、一般刑の囚人は抵抗運動家を尊敬し連帯さえしていた。

尼僧にとっては、諸病の根源である過熱した温室での作業は終わった。最近になって、三区は大きな犠牲を払った。一九九二年暮にダプチに着いたプンツォ・ヤンキは腹の痛みを訴え、急に数キロ痩せた。長いあいだ治療を拒否していたが、看守と監獄の責任者は彼女をラサの軍事病院に送った。彼女は一九九三年に、おそらく殺虫剤中毒で亡くなった。

監獄の労働力を生産に振り向けるために、新しい仕事が三区に与えられた。梳毛《すきげ》である。囚人は、そのために用意された二部屋か、歌を歌った尼僧の裁判が行なわれたテレビ室で、来る日も来る日も一日じゅう働いた。看守は彼女たちを十人から十四人のグループに分けた。ガワン・サンドルはグループ長で、素毛を受け取り仲間に配るのが役目だった。それから素毛をきれいにし、梳《す》き、糸巻きに巻いた。床に敷いた薄い毛布の上に坐り、寒さと疲れと痺れに苦しみながらも、休むこともできず、羊毛を肺一杯に吸い込んで喉が乾いても水一杯飲めなかった。グループ長は、欠員がいても一日の規定量七キロを達成するようにしなくてはならなかった。量が量だったから、よく規定量を達成できなくて、夕食抜きで規定量になるまで仕事をさせられた。少女は若いにもかかわらず、年長者のような冷静さでグループの尼僧たちを守った。看守に、怠け者と言われることほど、腹立たしいことはなかった。

看守が生産高に不満だと、中庭で体操をさせられた。隣の基地から兵士が来て、「正しいやり方」を教えてくれた(インドでインタビューした証人は全員、ダプチの隣の基地の「兵士」というが、「人民警察」かもしれない。いずれにせよ、制服を着て武装した男たちである)。

ときには六時間以上続き、拷問になった。尼僧は塀に沿って走ったり、昼の太陽に向かって、気をつけの姿勢で、目を大きく開け、手をズボンの縫い目の上において並ばされた。体操で難しかったのは、上半身を立て、腕をまっすぐにして、膝を曲げずに歩くことだった。兵士はある一つのことにうるさかった。それは青い制服の上着とズボンの黄色い縦縞であった。肩から踝まで縫いつけられているこの細い布は、誰の目にもとまらなかった。しかし兵士はこれに病的な注意を払った。まっすぐでなくてはならなかった。皺がよっていても、曲がっていてもだめだった。袖の先とズボンの上とでずれていてもいけなかった。

一、二……、一、二……。

尼僧は歩く、歩く、歩く、仮死状態で、木の人形のように。

整列が乱れると、体操は拷問に変わった。過ちを犯した者は止まって、気をつけの姿勢で頭の上か、腋の下、あるいは膝の間に本か新聞を持たされた。目まいがして本か新聞を落とそうものなら、大変だった。兵士に順番に殴られた。中国語を解さず話さない者にも、彼らはつらくあたった。列から出させ、腹に足蹴りをくらわした。チョキ・ワンモという尼僧は中国語が完璧に話せたが、彼らの標的にされた。普通以上に苦しめられたが、それでも絶えず抵抗し、兵士や監獄の職員を挑発した(チョキ・ワンモは、ダプチで何度も、ことに一九九五年初めに、祈っているところを見つかって拷問にあっているという。拷問者は彼女が祈りを止めるように、電気棍棒を口に突っ込んだという)。

看守も兵士も、気まぐれだった。ある日、グツァのひどい状況で堕胎させられた後、新たにダプチに移って来た俗人の囚人に、ペンパ・ブチの督堂の一人が激怒した。

「どうしてそんな顔をしてるんだ」、彼女の悲しそうな顔を見て、看守はイライラして言った。

彼女は黙っていた。

「どうして笑わないんだ」胸を殴打して、督堂は続けた。

若い囚人は平衡を失って尼僧に倒れかかり、一緒に尼僧も倒れた。怒り狂った看守は尼僧を攻撃し始め、打ちのめした後、三カ月近く隔離部屋に放り込んだ。

これが一九九四年初めの、少女がいたダプチだ。歌の事件当時よりもずっと厳しい弾圧が行なわれていた。若い囚人たちはグツァでの一時期のように、毎日拷問されはしなかったが、ここでの精神的、肉体的な圧力は、拷問に近いものだった。

ガワン・サンドルは、少なくとも義務を果たしたという満足感があった。自由世界向けに詩を録音して、「西欧に警鐘を鳴らす」ことが目的だったのだろうか。彼女は成功した。ヴォイス・オブ・アメリカが歌を放送したのだ。ダプチで友だちに面会してから、一九九三年秋にインドに亡命した尼僧は、歌を歌った者が受けた判決を伝えた（この若い尼僧と三十人ほどの亡命者グループの驚くべき逃避行は、前出の『ヒマラヤの反逆者たち』の中で語られている)。

即座に、ダラムサラでパリで、ロンドンでベルリンで、親チベット団体が十四人のヒロインへの不当な処罰を訴えた。十四歳で、グループ最年少の彼女——父「牡牛」にふさわしい娘——は象徴となった。

15　父との再会（一九九四年）

三区と五区の間はほんの数百メートルだが、一九九二年にダプチに着いてから少女と父親は会ったことがなかった。監獄は非常に厳重に区画分けされていて、区が違う政治犯は決して交信することができず、同じ区の中でも「新米」は影響されやすいので、「古株」からできるだけ離されていた。牡牛は不屈の古株だった。

少なくとも表向きはリーダーなんかではなく、仲間の目には彼は控えめで、目立たない存在だった。短い髪、きりっとした顔だち、金属眼鏡は、彼に老境の賢者の風貌を与えていた。彼は経験もあり、信念もある男と見なされ、その活動歴は非常に尊敬された。血気にはやる若者は彼のことを知っていて、「彼がナムゲル・タシだ。彼の家族は全員チベットのために闘っている。彼はポスター、チベットの国旗などいい仕事をした。彼の娘は三区の尼僧だ。歌を歌った一人だ」と新しく入って来るものに教えていた。

牡牛は家族のことをほとんど話さず、話しても特別な感情を籠めはしなかった。ほんのわずかにせよ彼が話すのは、同じく一九九一年に逮捕された二人の兄弟以外には、同郷のラサの南のロカ出身の囚人にだけだった。同郷のよしみで信頼がおけたのであろう。新たに入って来たロカ出身の若い僧侶も同様で、彼は可愛がった。

監獄に入っても彼は変わらなかった。かつてアパートで子供たちにそうしたように、若い囚人に愛国、文化、伝統を伝えるのが好きだった。さらには、こっそりとチベット語の文法、文字を教えたりもした。「お前たちは過ちを犯して、ここに入っているのではない。お前たちには何の罪もない。お前たちの闘争は正しい。出獄しても忘れるな」と断言していた。

男性の区での生活には、少なくとも一つの利点があった。安全上の理由から、外では当然活動網は一つ一つ独立していた。しかしダプチでは、たてまえ上は政治議論は禁止であるが、活動家は隣り合わせになり、お互いの経験を突き合わせたりすることができた。そんなとき牡牛は元気を取り戻し、率直に語り合った。多くの奇蹟を起こすことができるシャーマンの家系の、用心深い老人の風貌をしているが、彼はとんでもない性格で、短気だった。機嫌がいいと大笑いするかと思えば、監獄で許されている遊びに負けたりして気分が悪いと激怒したりした（ナムゲル・タシは、チベットのシャーマンであるガクパで知られた有名な家の出身である。一九八〇年に亡くなった彼の兄は、雹《ひょう》を止めたり、嵐を押し返したり、柳の籠に水をたたえたりする能力を先祖から受け継いだ。兄には息子がいなかったので、家系は彼で絶えた。今日でも、このたぐいの信仰はヒマラヤ地域で非常に広まっている）。

仲間は、歌を歌ったり、楽器を弾いているときの彼のほうが好きだった。ナムゲル・タシはかつて子供に教えたかったダムニェン（チベットの三味線）を手にし、いつも見事に弾いた。テノールの歌声は、老人のカリスマ性を増した。

牡牛は娘との面会を申し込んだが許可されなかった。少女も同じ手続きをとったが、悲劇的な家族の状況であろうとも、監獄当局は彼女の願いにつれなかった。少女にはそれがますます耐えられなくなった。仲間の目にも、彼女が少なくとも自分のこと以上に、父親の健康に気を配り心配しているのがよく分かった。一九九四年の冬になって、いい巡り合わせで彼らはようやく再会できた。

ある朝、幾人かの尼僧が五区に隣接した中庭を掃除するように命じられた。ダプチに拘留されてから、牡牛にこれほど近づいたことはなかった。幸運にも、掃除するものを監視する督堂が一瞬その場を離れた。少女は区の入り口まで冒険した。

扉の板に隙間があり、少女は中の様子が見えた。父親が数メートルのところにいた。父親を呼んだ。彼が来た。小さな声で数秒間話した。五区の数人の男が見ていた。少女の姿は見えないが、声は聞こえた。彼女は泣いていた。

一九九四年初めのこの短い再会の後、しばらくして今度は正式に会えることになった。

どんな風の吹き回しか、当局は正式な面会を許可した。ガワン・サンドルは知らせを受けるや部屋に走り込み、友だちにこの知らせを告げた。

「パラ（お父さん）に会う許可がおりたの。明日会えるわ」。

あたかも自分の妹のことのように、全員が彼女の喜びを分かち合った。三区の閉ざされた世界で、少女は特別な存在だった。ただたんにいちばん年下で、大人がマスコット人形のように可愛がるだけではなかった。歌事件、グループ長としての責任感、信念の強さといったことが、彼女を精神的な指導者にした。

翌日は夜明けから、父親に会うためにあれこれと準備をした。こんなに興奮している彼女は見たことがない。朝食のお茶を少し残し、魔法瓶が一杯になるように、友だちも自分たちのお茶を分けてくれた。お茶はなま温かったが、それで十分だった。バターを加えれば、何とか本当のチベット茶の味がした。それから魔法瓶、粉ミルク、豚肉、砂糖、ビスケットなどを袋に入れた。

区を出るときに、残っている最後の温室での仕事に出かける政治犯に出会った。隊列を組んだ彼女たちは、この感動的で同時に悲痛な光景に立ち止まった。ガワン・サンドルはぎこちない急ぎ足で、重い袋に背中を丸めながら歩いてた。この幸せな朝ほど、彼女がか弱く見えたことはない。もちろん抵抗運動家としての経験も豊富だし、監獄の苦しみも長く経験していた。もちろんグツァの監獄、そして今はダプチの監獄で、大人の世界に対する最後の幻想は消え去っていた。父親とほんの数分一緒にいられるというだけで、これほど嬉しそうで、無邪気にしている彼女を見ると、彼女が何といっても不当に家族の愛情を奪われた、傷ついた子供であることが分かった。彼女が袋を背中にして、待ち望んだ約束に駈けて行くのを前に、囚人たちは涙を禁じえなかった。

中庭から出ると、軍事基地と監獄を隔てる壁沿いに進み、ダプチの中央広場の近くを通った。

この広場の中央にポールがあり、それには中国国旗が掲げてあった。訪問者窓口の近くに着き、三番目の扉の方に右に回った。二人の看守の無遠慮な監視の下で、父親に会いお茶と贈り物をあげられるのはここだった。

二人がこの日何を話し合ったか、誰も知らない。それは彼らの秘密だ。しかし三区の友だちのところに戻ったとき、少女は父ナムゲル・タシの健康の心配がなくなり、安心した様子だった。牡牛《ヽヽ》はこのとき感情を隠せなかった。別れぎわ、ただ一言「カレ・ペプ（ゆっくりお行き）」と言った。

16 小さな幸せ（一九九五年）

監獄の生活は辛いとはいっても、時には愉快なこともあった。友情、愛情、感動の時間。督堂から盗んだ時間。女囚たちには自分たちの暗号と秘密があり、それは現実からのこっそりした逃避であり、ペンパ・ブチとその看守たちに仕返しをすることを楽しんだ。もちろんこの小さな幸せは、ほほえみ、挑戦、まなざしといった大したことではなかった。それでも、勇気の源であり、正しい道を歩んでいるという確信を得ることができた。

週に二回、土曜日と日曜日、歌を歌った者の裁判が行なわれた部屋でテレビを見ることができた。番組は厳重に選《え》りすぐられ、たいていは中国の偉大さを称揚するニュースか映画であった。督堂が席を外すと、いつも誰かがテレビに近づき、もっと大胆なチャンネルを探す。それが見つかると、たとえ三秒でも一分でも、それは彼女たちの勝利だった。

看守たちは少女が好んで物まねする標的だった。彼女は大柄なペンパ・ブチや残忍なチャンを完璧に真似た。彼女が部屋の中でこっそり物まねショーをすると、かつて彼女が香港の中国人のカメラの前での独特の歩き方を真似たときに姉や兄がそうだったように、他の者は大笑いした。この点からしても、少女は「有雪国」の娘だった。外見は小心なようで、大半のチベット人はユーモアのセンスがあって、侮辱するような渾名をつけたりして、さりげなく人のことをからかう能力を本能的に持っている。僧侶も、男性も女性も、全員こうしてふざけ、冗談を言う。

三年も経たないうちに、少女はグループのアニメーターの一人となり、記憶となり、魂となった。声でもあった。午後、彼女が毛糸の仕事場で歌い、他の囚人にリフレインを歌うように誘うと、督堂は歌詞がふさわしいものである限り、それを許した。

芸術家の父親譲りのこの歌の才能は、彼女をダプチ中で有名にした。公の式典で、彼女は舞台に上がり、監獄のお偉方の前で歌うことが何度もあった。こうした式典は、囚人が監視の下で長い間かけて準備した芸を披露する機会であった。舞台に登ると、観衆に分かるように一人ひとり名前を言わなければならなかった。こうして牡牛の娘、抵抗者として名の知れたガワン・サンドルは、三区の枠を超えて知られるようになった。ほとんどの囚人は歌事件と歌い手に科せられた処罰のことは知っていたが、それに彼女の顔が結びついた。

演芸のある日は、囚人は式典が行なわれる庭に折り畳み椅子を持ってきた。看守は、女性、男性、政治犯、一般刑囚、とダプチで別々に収容されている囚人が離れて席につき、絶対に接触がないようにした。この警戒にもかかわらず、少女は青い制服の群れの中でどうしても人の目にとまった。人形のような身体と、うっとりさせる声で、彼女がカリスマ性と意気込みを発散し、重い金属製の椅子を引きずって現われると、観衆の全員が彼女に気づいた。

歌以外に、彼女の唯一の楽しみは日曜日に許されたスポーツだった。セメントのピンポン台が中庭にあって、毛布を修繕したり洗ったりするとき以外は使えた。看守は、黙ってするようにと言いつけた。少女が好きなバドミントンも同じだった。糞尿腐敗タンクでの仕事と毛糸の仕事以外の付随活動の中で、歴史とプロパガンダの集中授業がもっとも好まれた。女囚は素晴らしい活動の場、「小さな幸せ」の本物の地層を見つけた。

歌事件の後、当局は教育プログラムを変更した。チベット語も、週一回のチベット史（中国版）も廃止。それからは、年に二回、数日間にわたる長い授業となった。尼僧にとっては、僧院での「再教育班」時代と大差なかったが、それよりも面白かった。

授業は、看守が数人いる中で、テレビ室で行なわれた。先生は、ペンパ・ブチと同じくシガツェ出身の年老いたチベット人で、黒板の前に立った。何時間も、中国、チベットの歴史を話した。特にチベットの歴史を。もちろんチベットは常に中国の一部であったと言うために。それを証明するのは、六四一年に遡る古い婚姻である。ソンツェン・ガンポ王は中国の文成公主を娶《めと》った。この結婚が両国を永久に結びつけ、「世界の屋根」に中国文明をもたらした。これは言い古された説である。中国はもっと都合の悪い歴史事実に反して、数十年来それをふりかざしている。

しかし、先生は古い過去の婚姻関係に言及するだけではなく、一九五九年以前の、不正義の地、恐怖の地、共産党軍によって「解放」されたチベットに言及した。このかつての暗いチベット像のすべてが間違っているわけではない。しかし中国は決してチベットを「解放」などしていない。

少女と彼女の友だちたちが、その生きた証拠である。「見なさい、そして自分で確かめなさい。北京体制の下で、人民の状況がどれだけよくなったかを」と先生は強調した。

尼僧たちは、まったく納得した様子などなく、嘲笑しているので、しかたなく妥協しようと彼女たちの愛国心をくすぐった。

「私もこの国が好きだ。しかし独立は希望のない夢だ」。

次に生徒は、質問に筆記解答し授業のコメントをしなければならなかった。数カ月前、毎週授業だった頃、抵抗のしるしに白紙の答案を出すことがあった。でも今は先生が何か書くようにと言うので、書くようになった。

ガワン・サンドルはきれいな字で、喜んではっきりと書いた。中国の公主とチベット王の結婚は結婚であって、それ以上の何ものでもない、チベットはかつて中国ではなかったし、将来もそうはならない、中国はチベットを「解放」するどころか占領した……。

彼女の答案を訂正しながら、老人は無駄に講義したと分かって、呟いた。

「ニンジェ（可哀想に）！　見てみなさい。答案を見なさい。あなたは変わらない。あなたは決して変わらない。あなたは馬鹿だ」。

答案はペンパ・ブチと同じ階級の幹部に回され、政治犯は所長の部屋に一人ひとり呼ばれる。幹部は肉体的には乱暴な扱いはしなかった。彼らはお説教するだけであった。生徒は率直に、ほとんど横柄に答えた。

「書いたことどおりに思っているのか」。

「はい、もちろんです」。

「よし、これを説明しろ」。

尼僧は、答案を繰り返す。一言一言。なにも否定せずに。

「あなたは馬鹿だ。歴史を知らない子供だ。考え方を全然変えていない。チベットは、三世代経っても、絶対独立しない」。

厚かましい尼僧は、最後の挑戦をした。

「もちろん、チベットは独立します。私たちはみんな確信しています。もちろん、いつということは分かりませんが、必ずそうなります。おっしゃるとおり、私たちはチベットの歴史を全部知っているわけではありません。それも当然で、私たちは中国人がチベットに来たときには、生まれていませんでした。でも、この国はいつか自由になります。あなた自身、明日がどうなるかは分からないでしょう」。

こうした態度は重い罰に値したかもしれなかった。しかし、本書の執筆のためにインドでインタビューした「生き残り」は、プロパガンダの授業の後で暴力を受けたことはないと言う。たぶんダプチの督堂には、彼女たちを罰する他の機会があったからだろう。

鬼ペンパ・ブチはすべての看守の中で最悪だった。女暴君だった。一九九四年の秋に、女囚は改めてそれを知らされた。

冬が近づいていた。部屋の中でも、ゆうに氷点下だった。ガワン・サンドルと政治犯は、裏打ちされた暖かい冬の制服に着替えた。もっと先、一月か二月には、この監獄で禁止された僧院の色、黄色か暗紅色でない限り、下にセーターを着てもよかった。

この寒さの厳しい秋、ペンパ・ブチの心配事は気温ではなく、間もなく監獄の中央広場で催される式典であった。赤旗、かん高い音楽、陰険な役人といった中国式の式典であった。囚人はいくつものグループに分かれ、看守がこの頑固者たちをいかに監督しているかを招待客に見せるために、いろいろな余興をした。審査委員会が最優秀グループを選出した。三区が一番だろう。そして巨漢ペンパ・ブチは点を稼ぐことになるだろう。

隣接した基地の兵士が毎日来て、四十人から五十人に訓練をさせた。ショーは振り付けと軍事行進を混ぜ合わせたものだった。新しい制服を着て、体操をして、力強い声で態度を変えると誓わされた。こんな調子で。「今日から、悪い習慣と、悪い態度を改めます。新しい女になります。私の罪を受け入れ、認めます。私は変わります」。

この歌詞を見て、少女を含む八人が協議した（ガワン・サンドルの他に、ロプサン・ドルマ、ロプサン・チョキ、ゲルツェン・ニニ、ガワン・ジェマ、ルンドプ・サンモ、カンドとガワン・デドルの七人）。

「こんなの絶対に公の場で歌ったらだめよ。歌うふりをしてもだめ。分かるでしょ、カメラが私たちを撮影するし、観衆には私たちの唇が動くのが見えるわ。きっと歌ってると思うでしょう」。

練習の時が来た。兵隊がいないので、督堂が指示した。

「一、二、三、音楽……はい、行きます」。

八人は黙っていた。口を閉じ、ただ陰うつな顔つきをしていた。怒った看守は彼女たちをペンパ・ブチの部屋に連れて行った。

ガワン・サンドルと他の七人は、超えてはならない限界を知っていた。譲歩しなければならなかった。「いいわ、それなら歌います。でも練習の間だけで、官吏の前では歌いません。もし舞台に上がれと強要するなら、みんなで「独立！」と叫びます」。

論議は避けられなかった。ペンパ・ブチは、囚人のこんな侮辱を許すわけにはいかなかった。スキャンダルを恐れて、彼女はこの八人が歌わなくてもいいようにアレンジした。その代わり、彼女たちはダプチの監獄当局宛に謝罪文を書かされた。全員揃って書いたが、自己批判は一行もなく、逆にはっきりとこう書いてあった。「こんな歌は絶対に歌いません！」。そこでロプサン・ゲレクというもっと妥協的なチベット人の影響もあって、当局はこの場面をなくすことにした。ペンパ・ブチに対する三区の最初の勝利であった。

17　延ばされた刑期（一九九六年）

部屋は完璧に清潔でなければならなかった。ペンパ・ブチと督堂は、このことに関して神経質だった。並びの最初にある少女の部屋の検査は、中国人の看守チャンの担当だった。毎朝検査に来た。そして毎朝、彼女たちを叱り、殴る口実を見つけた。チャンが部屋に入ると、囚人は帽子をとって、気をつけの姿勢をとらねばならなかった。入所した日に渡された小冊子にそう書いてある。督堂は右手の人さし指で、ゆっくりと窓の縁、ドアのへりなど、あちこちの隅を検査し、埃が少しでもあると激怒した。

一九九六年冬のおそらく三月のある朝、囚人が作業着で羊毛をきれいにし、梳き、紡いでいるところに、チャンが少女の部屋の検査にやって来た。ベッドの上に坐るのは禁止されていたので、床に坐り、膝の上にいろいろな道具を乗せて、一日の規定量に達するように仕事に励んでいた。入って来たチャンは、囚人のうちの一人が立たないのに気がついた。それはガワン・サンドルと同じく頑固なカンドで、歌の事件でペンパ・ブチに打ち勝った八人のうちの一人だ。

「立て！　立つんだ！」。督堂は足蹴りした。

カンドは動かなかった。

「立て！」とチャンが叫んだ。

他の囚人は彼女の味方をし、ことに少女は看守に食ってかかった。

「いいえ、立ちません。挨拶もしません。どうしてそんなことするもんですか。家では両親が部屋に入って来ても、立ちませんし、ラマが来てもそうです。それに見てください、こんなに道具を膝の上に乗せて簡単に動けるとお思いですか」。

理屈は通っていても、説得力はなかった。膝の上に道具がなくっても、彼女たちは立ちはしないだろう。チャンには分かっていた。

「あなた方はみんな不品行でひどい娘たちだ。あなた方をそうしむけるのはリクチョ（ガワン・サンドル）でしょう。みんなあなたのせいです、リクチョ。分かってるわ」。

少女は部屋の長としての責任を取る覚悟があり、どうなろうと心配していなかった。少女は答えた。

「あなたが私たちにすることにくらべれば、何っていうことはないわ。もうこんな侮辱は我慢ならないわ。もう嫌だ！　もう結構だ！」。

驚いたことに、少女はこの抵抗の罰を受けなかった。カンドだけがペンパ・ブチの部屋に、そして独房に連れて行かれた。看守に稀に見る強い抵抗をしたガワン・サンドルに対するこの寛容な処分はどうしたことだろう。督堂は友だちのカンドを苦しめたほうが、少女にとっては自分が苦しむことよりももっと耐え難いであろうと判断したのだろう。そのとおりであった。一人の囚人を苦しめることで、少女をはじめ囚人全員を苦しめていた。

少し前から、三区は大揺れであった。監獄当局は政治犯を「古株」と「新入り」の二組に区別することにした。目的はもちろん「新入り」が「古株」に影響されないようにするためだった（一九九六年にダプチに何人の政治犯が収容されていたかを正確に知ることは非常に難しい。少女がいた「古株」グループの若い囚人の数だけでも、証人により六〇人から一〇〇人と差がある）。

いずれにせよガワン・サンドルには、どうしたらいいのかが分かっていた。十七歳という年にもかかわらず、彼女は「古株」の仲間だった。室長、作業場長、抵抗の歌い手……、彼女の名を知らないものはいなかった。

二つの区画は看守に見られずに、一方からもう一方に行けないように建てられていた。二区画を隔てる壁に空けられた門が唯一の連絡口であった。同じような配置の部屋が、この門を挟んで両側に並んでいた。ドアと窓は、長い花壇のある中庭に面していた。看守の一角は右側で、独房の上の二階にあった。監視カメラが、全体を写していた。「新入り」との一切の接触は、目で見ることすらも、不可能だった。少なくとも、理論上はそうだった。しかし「古株」が区画から出て門まで行くには、隣の区画を護衛つきで通らねばならなかった。馬鹿馬鹿しいことに、そのとき「新入り」は部屋に戻り、「古株」を見ないようにと言い渡されていた。

新しい区画に移ってからの最初の頃は、ことのほか辛かった。工事のため一週間水が出ず（中庭に蛇口が二つあった）、いつものように部屋を掃除することができなかった。しかしチャンは、そんなことにはおかまいなしだった。水があろうがなかろうが、何もかもが清潔でなければならなかった。

この日、検査は十四時ごろ始まった。ほとんどの囚人は毛糸作業場で仕事をしていて、室長だけが部屋に残っていた。一号室の室長はガワン・サンドルであった。

このときに限って、部屋が整頓されておらず、毛布は散らかっていて、床は埃だらけだった。断水がすべての理由ではなかった。チャンは、カンドが隔離されていることに対する抗議だと理解した。怒った看守は、室長全員に中庭に出て塀の前に立つように命令した。この壁は一メートル二〇センチほどの高さで、幅は厚く有刺鉄線が張られていた。監視通路から武装警備員は中庭を見渡せた。

寒かった。雪が降っていた。囚人は震えていた。

「直立！　気をつけ！　動くな！」とチャンが叫ぶ。

少女は従わなかった。肩を落として、脚を曲げて、督堂を挑発した。

「直立！　まっすぐ立て！」。まっすぐ立たせようと膝の後ろを叩いて、チャンが迫る。

少女が依然従わないので、看守は上司のチベット人チュンカを呼びに行った。部屋を監視した後、チュンカも怒って、

「どうして毛布がきちんと畳んでないのですか。どうしてですか」

と迫った。

ガワン・サンドルは、雪の降る中を立ったまま、殴られても、侮辱されても我慢した。

看守の叫び声を聞いて、他の「古株」は仕事を止めた。羊毛を梳いていた部屋を静かに出て、少女の弁護をした。

「毛布がきちんと畳んでないのは、彼女のせいではありません。そうしかしようがないのです」。

チュンカは激怒して、彼女たちの言うことなど聞かなかった。そしてガワン・サンドルに襲いかかった。彼女は扇動者で、懲らしめてやらねばならなかった。

ガワン・サンドルは友だちがびっくりして見ている前で、父親の牡牛譲りの怒りを爆発させた。督堂の制服の襟を摑んで、叫んだ。

「あなたたちはみんな、私を困らせるありとあらゆる口実を探しているのでしょう。あなたたちは、いつも私に罪を負わせ、責め立てる。私の部屋が汚いと言うのなら、普通にそう言ってください。もう一度掃除します。毛布がきちんと畳んでないと言うのですか。そうです、でも毛布は古くて擦り切れていて、あなたがたの要望どおりには畳めません。別のをくれればいいんです」。

囚人の記憶する限り、こんな大それた口論は初めてだった。背丈が小学生より大きいかどうかの十七歳の小娘が、ペンパ・ブチの督堂に身体で刃向かうなんて。

少女はもう正気ではなかった。もう止められなかった。

「友よ、私たちはみんな連帯しています。同じ理由で、同じ目的のために、ここにいるのです。一緒に叫びましょう。独立！　独立！　独立！」。

そして三区は叫び始めた。「ポ・ランツェン（チベット独立）！」、「ポ・ランツェン！」。看守たちは、この始まった暴動を抑えきれずに慌てた。ペンパ・ブチと他に数人が、そして隣の基地の兵士も助勢に駆けつけた。武装して反乱鎮圧用の盾を持った七十人の兵士に尼僧たちは逮捕された。ダプチでこれだけ多数の兵士を見たことはかつてなかった。

監獄の幹部の一人が近づき、銃口を彼女たちの方に向けながら、

「よし、「ポ・ランツェン」と叫んでみろ！　今日は何人でも撃ち殺してやりたい気がする」。

督堂に暴動の扇動者と名指しされた少女は、尋問室が二つある三区のもう一つの区画に通じる門に力ずくで連れて行かれた。残りの囚人は静かに解散し、部屋に向かった。そのときペンパ・ブチが兵士に言った。

「そこの女。その女もいつも私に反抗的な態度をとっている。彼女も連れて行きなさい」。

それはミシュンリ寺院の尼僧プンツォ・ペマだった。彼女も殴られ、門の方に連れて行かれた。彼女の友だちのニマ・ツァムチョも同じように連行された。

中庭に残った者は、

「どこに連れて行かれたんだろう」

「なんの罪だろう」

「どうして彼女たちなのだろう」

「彼女たちは何もしていない。彼女たちが私たちを煽動したんじゃない」

「もし彼女たちが罰せられたら、じっとはしていないわ」

ペンパ・ブチは脅しなど気にしなかった。今度は、囚人たちは彼女に何もできないことを知っていた。復讐の番だった。

「ご覧なさい。あなた方は、惨めで醜い乞食のようだ」と囚人たちに言った。

暴動者の一人ノルジン・ワンモが大胆にも彼女を睨みつけた。

「どうして、そう私を睨むの」。

看守長は苛立ち、彼女の髪を掴み、ほかの三人と同様、門まで連れて行った。

尋問室に行くのには、「新入り」区画の中庭を横切り、軍事基地に通じる門の前を通り、独房のある建物に行かねばならなかった。連行された可哀想な四人のうち三人は、この独房に数カ月閉じ込められることになった。

この三人だけでなく、政治犯全員が督堂への侮辱のつけを払わされた。

翌朝、監獄の幹部が、将校一人と三人の兵士をともなって、古参者の区画にやって来た。全員例外なく殴打された。二度とこんなことをしでかしてはならないという警告であった。全員に思い知らせるために、彼らは前日の出来事とは何の関係もない新入者の区画に行き、部屋から部屋へと、毛布とシーツを床に投げ捨てた。

「五分でベッドをこしらえ、全部整頓せよ！　お前らチベット人は、人の言うことを全然聞かない。共同墓地に埋めるぞ！」。

五分！　彼女たちは、とてもこんな短い時間ですべてを整頓などできなかった。彼女たちを罰し、「古株」の真似をしようとする気をなくさせる口実に過ぎなかった。兵士はベルトで鞭打ち、幹部と将校は足蹴りし、竹棒でなぐった。

こう厳しくされようとも、三区の決心は変わらなかった。古参者は、一般刑の二、三人を除いて全員、隔離されている三人に連帯して、三人の解放と拘置条件の改善を要求して、ハンガーストライキを決行することにした。貫徹するために、各部屋にある食料（缶詰、お茶、粉ミルクなど）を大きな袋に入れた。それを、人が入っていなくて、着替えの制服が置いてある部屋に入れた。同じように、身の回りのものを集め、名札を付けた。もし死亡した場合に、家族に渡してもらうためであった。

羊毛の作業は継続された。身体が動く間は、糸を紡ごうとした。しかし彼女たちの健康状態は急速に悪化し、当局は心配し始めた。所長にとっては、ことに外部に対して厄介な事態だった。政治犯、しかも尼僧が一人あるいは数人死のうものなら、大きな反響があるだろう。だから、極めて稀なことだが、所長自身が出かけて行き状況を視察した。彼が着くや否や、若い尼僧が言った。

「ここで起きていることを見てください。督堂のチャンとチュンカが私たちを挑発しなかったら、こんな事態にはなっていません」。

悪人だという評判はなかった所長は、耳を傾け、囚人全員に質問した。

「証人はいますか。あなた方が言っていることが正しいという証拠はありますか」。

「もちろん証明できます。みんな目撃しました。督堂とペンパ・ブチのせいです」。

事態が紛糾するのを避けようと、所長は調査を急がせた。ハンガーストライキ決行者を含め古参者は全員テレビ室で尋問を受けるように命じた。彼らが真実を述べていることはすぐに分かった。彼らの証言は一致しており、看守たちはそれに圧倒された。

調査報告を読んだ所長は、ストライキ決行者を懐柔するために、誰からも好かれている年寄りのチベット人職員を派遣し、ストを止めるように説得しようとした。

「あなた方は、私の娘のようなものだ。私は父親として話す。こんなストは止めなさい。何にもならない」。

尼僧たちは聞き入れなかった。

「遅かれ早かれ、今日にしろ明日にしろ、彼らは私たちを殺すわ。それなら、今死んだ方がましだわ。断食します」。

当局はますます当惑し、三区に兵隊を導入しないこと、侮辱的な体操を廃止することを約束して譲歩した。彼女たちにとって、兵士や督堂の行きすぎが認められたことはすでに勝利であった。しかし三人が独房から解放されない限り、完全に成功したとはいえなかった。残念ながら、この点に関して所長は強硬で、三人の解放は問題外だった。

協議の結果ストは中止することに決まった。継続しても何の役にも立たなかった。事件の後、訴訟手続きがとられ、それはもう止めようがなかった。三人の抵抗者のうち二人が裁判にかけられた。プンツォ・ペマとガワン・サンドルであった。少女は、独房に六カ月拘置され、分かった。この事件で、彼女は三区のリーダーになったのだ。そして中国人はリーダーが嫌いだった。

氷のように冷えきった独房の暗闇の中での六カ月の苦しみは、ガワン・サンドルが自分の言葉で語らない限り、誰にも知られることはないであろう。私たちが話を続けるためといっても、それを勝手に想像することは許されない。彼女がいないので、かつて一緒に拘置されていて、インドに亡命した若い尼僧ゲルツェン・ラモが証言する。友人のガワン・サンドル同様、彼女も職員との口論の末、ダプチの独房に入れられた。彼女の証言は、裁判を待っている間のガワン・サンドルの苦難を想像させてくれる。

「尋問室の隣の独房に入れられました。部屋は一辺が二メートルと三メートルくらいで、天井は高くて四メートルくらいありました。壁は白色でした。天井に空けられた窓からの明りが唯一でした。一角に蛇口があり、また用を足すときに両側に足を置くためのレンガが置いてある穴がありました。しかし汲み取られないので、腐った尿と糞の臭いがしました」。

「冬の終わりでしたから、とても寒かったです。私は制服しかなかったので、凍えていました。真夜中の二時頃に、看守が二重の毛布を持って来てくれました。最初のうちは、一日にティンモ一つに、何も入っていないお茶だけしかもらえませんでした。それから一日に一食つまり小さなティンモ一つと、ご飯と野菜になりました。でも野菜はグツァと同じで、汁の中に虫の死体が浮かんでいる吐き気のするものでした。それと食事はいつも冷めていて、犬か動物園の檻に入れられた動物に持ってくるようでした。ドアに小さな口があり、そこにビニールのカーテンがついていました。食事を給仕するのに、看守は手を出して私の器に注げばいいことになっていました。それも、罰の一部なのです。私を飢えさせて、弱らせようとしていることが分かりました。

数週間前に中国の新聞で読んだ記事をよく思い出しました。それによれば、模範監獄ダプチの責任者は、ダプチでは毎日砂糖、牛乳入りのお茶を出していると言うのです。どうしてこんな嘘がつけるのでしょう。この監獄に着いてから、そんな幸せにありつけたことは一度もありません。牛乳も砂糖も、自分のお金で買うか、家族が持ってきてくれるのを待たねばなりませんでした。巨大なペンパ・ブチが砂糖入りのお茶を持って来てくれるのを想像できますか」。

「飢えよりも寒さのほうが辛かった。毛布は二重だったかもしれませんけど、それしかありませんでした。それが冷えきった床から体を隔離するためのマットレスでもあり、覆いでもありました。解放されてから分かったのですが、友だちがマットレスと枕を持って来てくれましたが、看守がそれを返してしまったのです。本当です。彼らは私を動物のように扱って、辱めたかったのです。

一週間してから、私が我慢できるかどうか知ろうとしました。私が考え方を変えたかどうか聞きに来ました。この「考え方」というのは、非常に中国的なものです。あたかも自分で考えることができる人間を排除し、全員が同じ規範に従わねばならないとでもいうものです。看守が食事のときに来て、いつも同じことを言っていました。

「考え方を変えましたか。過ちを後悔していますか。中国人が来る以前のチベットは、よくなかった。中国人の寛大な政府になってから、チベットは発展した。それにもかかわらず、あなた方は抵抗しようとする」。

私は答えました。

「いいえ、考え方を変えませんでしたし、これからも変えません。私たちは、中国人に刃向かおうというのではありません。私たちは、ただ真実と正義が欲しいだけです。私たちは本来私たちのものであるものを要求しているだけです」。

独房から出るのには、謝罪状に署名しなければなりませんでした。もちろん拒否しました。それで、あと数週間独房にいました。食事を持ってくる看守以外には、誰にも会いませんでした。その時として、それはペンパ・ブチでした。彼女は私がこんな状態にいるのを見るのが楽しかったのでしょう。体調はますます悪くなりました。お腹が痛くて、腸がチクチクしました。おそらく食べ物のせいだったのでしょう。それとは反対に、孤独はこたえませんでした。一日中ターラー尊とパドマサンバヴァのお祈りを唱えていました。また、私よりひどい状況の中で生きた同胞のことを考えていました。すべてのチベット人同様、文化大革命中に餓死したり、靴の底皮を食べざるをえなかった囚人の凄まじい話を知っています。彼らのことを思いながら、耐えなければ、耐えなければ、と自分に言い聞かせました。壁の向こうの友だちのことも考えていました。彼女たちはどうしているかな。早く会いたかったです」。

「結局、なぜだか分かりませんが、二カ月して独房から解放されました。たぶん空き部屋がなくて、他の同じ運命に遭う女囚を入れる部屋が要ったからでしょう。今思い返すと、私は友だちよりも幸運だったと思います。ガワン・サンドルは六カ月独房ですよ。六カ月、分かりますか」。

ガワン・サンドルがラサの裁判所に出頭する日がついに来た。同じ区の仲間たちも公判を心配して待っていた。当初三年が、歌の事件によってすでに九年に延長されていた彼女の刑は、さらに延長されると分かっていた。監獄中が彼女の運命を知っていた。牡牛《ヽヽ》の娘、尼僧、活動家、歌い手、「古株」のリーダーはもう普通の囚人ではなかった。今までのいろいろな活動が、彼女を女性の抵抗運動のシンボルにした。中国人の目には、彼女の裁判は見せしめの意味を持っていた。

　姉のリクジン・ドルカルは公判の日を知らずにいたが、ダプチの職員で慈悲深く献身的な人が、裁判まぎわになって知らせてくれた。彼女は夫と一緒にすぐにアパートを後にし、裁判所に走った。その途中で、少女に差し入れするために大きなモモ（蒸し餃子）を買った。

　夫婦が裁判所に着いたとき、少女はすでに法廷に入っていた。彼女が数分前にジープで着いたとき、建物の前にいた若い尼僧が、手でこっそりと彼女に合図をした。それは友情と慈悲のちょっとしたしぐさだった。少女は、この子供のようなまなざしをした尼僧が誰かすぐに分かった。かつてガリ寺院で一緒だった尼僧だった。その当時二人は緋色の衣を纏《まと》った陽気で無邪気な新米尼僧で、そのほほえみの前にはどんなに厳しい年上の尼僧でも優しくなった。

　ダプチの青い制服を着た少女は、数カ月の独房生活のせいであろう、青白く痩せていた。もう一人の抵抗者プンツォ・ペマとデプン寺の三人の僧侶が一緒に裁かれた。監獄当局は、警告のために同じ区の囚人を六人公判に呼んでいた。

　リクジン・ドルカルと夫は公判室に入れなかったので、建物の右側の大きいガラス窓の前に陣取った。公判は聴けなくても、少女の姿は見えるだろう。

　リクジン・ドルカルは、ガラスに寄りかかりながら、この恐ろしい光景に涙がとまらなかった。

人が音もなく、沈黙劇のように、人形芝居のように動いている。三人の判事が机の後ろに、入り口に面して坐っており、ガワン・サンドルは彼らに面して立っていた。苛立ち、腕を動かし、裁判官を罵倒するのが見えた。怒りは、彼女のやつれた顔にありありと表われていた。同時に無力さも。身体を揺り動かしながら話しても、弁解しても無駄で、最初から負け戦であった。

裁判は大急ぎでおこなわれた。裁判官は、論議を長引かせず、裁判は一時間で終わった。ガワン・サンドルがダプチに連れ戻されるために公判室から出たとき、姉のリクジン・ドルカルは彼女に近づいて、腕に抱き締め、モモを渡すことができた。少女は泣かなかった。兵士に押されてジープに向かう少女の傷ついた身体から、信じられない、無気味な力が発散していた。監獄に戻り、再び独房に入った。隔離はまだ終わっていなかった。まだ数週間あった。

彼女に近づけないので、三区の囚人は公判を傍聴した六人に訊いた。

「どうだった。彼女は刑をうけるの？」。

「八年。八年の延期よ。信じられないわ。二〇〇九年にならないと出られないのよ。督堂チュンカが、ガワン・サンドルは「独立！」と叫び、看守を敬う気持ちが欠けており、足蹴りしたと言ったわ。彼女の証言が決定的だった。それはすべて誇張だったわ」。

そう、チュンカはみごとに勝って、部屋から部屋に得意顔で歩いた。

「見たでしょ。「ネズミ」は私に敬意を表わさなかったし、無礼だったし、手向かおうとしたのよ。結果はこれよ。八年の延刑！」。

数週間後、隔離刑が終わったとき、督堂の長ペンパ・ブチ自身が少女を部屋に連れて来た。

「満足でしょ。八年は、悪くないでしょ」(この場面は、実際に目撃したかつての三区の囚人の証言)。

少女は、彼女の方に向かい、静かに答えた。

「そう、満足です。私は決して考え方を変えませんから。チベットの独立闘争は絶対にやめません。ここダプチで、必要なら死ぬまで闘い続けます」。

18 「少女」から「チベットの女」へ（一九九七年）

チョンツォ医師は優しい親切な女性である。三区の囚人を診察に来たとき、彼女はガワン・サンドルの健康状態が気にかかった。どうしたら、この十七歳で一メートル五〇センチ足らずの若い娘が、二〇〇九年まで生き延びることができるだろうか。以前にもまして脆弱《ぜいじゃく》になった彼女は、頭痛がし、腎臓が痛く、肝機能および胆嚢不全だった。さらに肺に膜がかかっており、肺炎が懸念された。暗く湿った独房での六カ月と、吐き気のする粗末な食事が、彼女の状態を悪化させた。証拠はないが、この隔離期間中に彼女が被ったであろう拷問も忘れてはならないだろう。

チョンツォ医師の早い診断がありながらも、何も変わらなかった。ガワン・サンドルはそれでも入院できず、レントゲンも血液検査もなかったようである。一度、一度だけ、激しい頭痛のために、監獄の病院に行く許可をもらった。しかし受付に着いたとき、一年以上も会っていない父親の牡牛がちょうど中にいた。それに気づいた看守は、安全上の理由で彼女を追い返し、彼女は治療を受けずに部屋に戻ることになった。

一般に、督堂は彼女の健康を気にかけていなかった。彼女が治療を求めると、看護室に行くというだけでも、看守はすげなく拒否した。

「いつも私たちを挑発し、問題を起こすお前の面倒などどうして見る必要があるのさ」。

ときどき、姉のリクジン・ドルカルが薬を送ろうとした。ところが、衣類や食料品同様に、途中で看守が盗むので、いつも届くとは限らなかった。いずれにせよ、危険な状態にならない限り、監獄当局は治療など受けさせなかった。一九九五年に、多くの囚人が吐き気や腹痛を訴えたので、数人の医者が呼ばれた。すぐに非常に有毒な煙を吸ったための中毒と診断された。台所の薪がなかったので、看守はラサで集めたゴミ（ゴム、包装用の厚紙、ビニール袋……）を燃やすように命令したのだった。

例外的に、囚人がラサの病院に送られることがあった。囚人の目は節穴ではなかった。これは、もう囚人に死が差し迫った場合で、監獄での囚人の死亡を避けるための監獄当局の手段であった。ガワン・サンドルに死の危険はあるのだろうか。すべての仲間と同じく、その危険はいつもあった。しかし彼女の状況は、ある一点において違っていた。彼女はチベットでも外国でも知られるようになり、そのことが一つ彼女を守っていた。もろく、触知されない、潜在的なものだが、それでも一つの守りには違いなかった。中国人は、世界中の親チベット運動に無関心なようでいて、彼らのイメージを害するもの、ことに人権問題に関しては、この上なく気を尖らせていた。尼僧であり、抵抗運動家である象徴的な囚人ガワン・サンドルの死は、他の誰の死以上にも反響を呼ぶだろう。

一九九六年三月から一九九七年初めまでの一年少しの間に、少女の話はその概略でしかなかったが、親チベットのサークルを超えて徐々にもっと多くの人々に知られるようになった。彼女は「有雪国」の主要囚人となり、「チベットのジャンヌ・ダルク」と称され、世界的に名が知られるようになった。世界中でいろいろな組織が活動し、ことにフランスでは非常に活動的なチベット人支援委員会が国会議員、大臣、知識人、報道関係者、外交官などに働きかけた。これを受けて超党派の国会議員がガワン・サンドルを守るために、彼女のことで政府に質問した。ジャーナリズムも彼女の運命を取り上げ、ことにル・モンド紙は一九九六年十二月十二日に記事を載せた(「若きチベットの尼僧の長い監獄の夜」)。

イヴリンヌ県の一つの村(マントゥ・ラ・ヴィル)とムルトゥ・エ・モゼル県のもう一つの村(オメクール)は、彼女を養女にした。彼女の写真の入った八千枚の絵葉書がジャック・シラク大統領宛に差し出された。芸術関係も、バルバラ、ヴェロニック・サンソン、ミシェル・ジョナス、フランソワーズ・アルディ、それからアメリカからブルース・スプリングスティーンなどが活発に動いた。イヴ・ドュトゥイユは、「チベットの女」という素晴らしい曲を作曲した(アルバムTouché一九九七年に収録)。

それにもかかわらず少女はダプチの三区一号室に拘置されている。中国当局にとっては、ガワン・サンドル——監獄での名前はリクチョ——は、反革命分子である。しかし、どんな重大なことを犯したというのだ。最近ラサで爆発したような爆弾をしかけたとでもいうのか(はっきりした統計はないが、一九七六年に政治的性格の破壊行為が数々あった。三月二十一日の中国共産党本部の爆破事件、十二月二十五日のラサ地方政府事務所の爆破事件など）。

決して殺したり、傷つけたり、警官とか兵士を襲ったりはしていない。決してない。真の仏教徒である彼女は、常に非暴力であり、彼女の犯罪記録を見直してみれば、彼女が背負わされている刑の不正義がすぐに分かる。

一九九〇年。ノルプリンカの舞台に登って、「自由チベット万歳！」と叫んで、懲役一年。武器なし、暴力なし。

一九九二年。ラサでデモをして三年の懲役。武器なし、暴力なし。

一九九三年。監獄の中で、抵抗の歌を録音して、六年の追加刑。武器も暴力もなし。

一九九六年。看守に抵抗して、「独立！」と叫んで、八年の追加刑。依然として武器はなし、しかし今回は看守に少し怒鳴った。

逆説的だが、この最後の刑が三区における彼女の地位を強めた。彼女がそうしようとしたわけではなかったが、自然に彼女に威厳がついたのだ。若いにもかかわらずカリスマ性があるので、グループの年長者でも彼女の意見に従った。式典とか要人の訪問といった抗議の機会があるときは、いつも彼女の助言を求めた。「何かしないとだめだと思う？」「ハンガーストライキをできると思う？」……。

またガワン・サンドルは、釈放される仲間がいると、出所を祝うよう気を配った。カタ（白い絹のスカーフ）をお互いに贈りあうが、少女は感動を隠せなかった。「気をつけてね。いい尼さんでいなさいよ。国に忠誠であってね」。

囚人は全員、彼女に深い愛情をいだいており、みなが彼女の家族の悲劇的な話を知っていた。父親牡牛は、五区に監禁、母親は一九九一年に死去、兄のチョチョは五年前から亡命……。一九九二年のある日入獄してきた幼かった彼女は変貌した。今や一人の女であった。チベットの女であった。

19　チョチョへの手紙（一九九七年）

涅槃にいたる果てしない道で、仏教徒は苦しみの大海である輪廻を渡る。多少とも理論的に思考する無神論者には、この海はあまりにも広いので、どうして向こう岸に渡れるのか疑問に思える。三区の若い尼僧にとっては、ダプチの監獄がすでに途方もない人生の大海であった。もちろん彼女たちは、かつての鮮やかな僧衣がよく似合った尼僧ではなかった。男のズボンをはき、青の上着を着て、長い髪をしたガワン・サンドルは、離れ小島に忘れ置かれた徒刑囚のおももちだった。しかし、まずあり得ない釈放を待ちながら、人民の解放のために通過しなければならない過程としてこの苦痛を生きていた。脱獄の唯一の方法は祈りだった。

政治犯が祈りの世界に入ると、邪魔するものはもう何もなかった。目を半ば閉じて、慈悲の真言オームマニペメフーム「蓮華の中の宝珠に帰命したてまつる」（宝珠はもちろんダライラマ）を唱えた。また、チベット仏教の他の尊格、ことに「有雪国」の永遠の守り神、完璧な知恵であるターラー尊に祈った。

もちろん祈りは禁止されていた。中国人共産党員によれば「心の毒」である宗教は、ダプチでは存在の余地がなかった。看守の中には親切なものもいて、こっそりとなら祈りを許してくれた。少女と友だちは、プロパガンダの授業のときのものによく似たノートにたくさんの経文を書き写した。もし督堂が見つけても、開かなければ普通の授業のノートだと思うだろう。用心のために、囚人はそれを安全な場所に隠した。それはゴミ箱の中だった。内容からして仏具であるこのノートを、こんな不相応な場所に入れることは罪であったが、彼女たちは高尚な理由のためには仕方がないと思っていた。

この方法でうまく切り抜けていたが、ある日囚人が知らない間に、督堂が部屋を捜索にきてノートを見つけた。それから監視はより厳しくなったが、それでも囚人は小さな声で祈った。少女は活動家ではあるが、それよりもまず尼僧であった。行動の一つ一つに、書くものの一つ一つに、政治信念と同時に信仰があった。彼女と毎日接する仲間には分かっていたが、離れて暮らす家族は彼女の決心、何があっても最後まで闘い徹すという意志を理解していなかった。父親は最初の再会以来、彼女に一度しか会っていなかった（証言によれば、ガワン・サンドルと父親は、一九九二年と一九九九年の間に二度しか会っていない。私たちの証人は、彼らが他にも公にあるいは隠れて会ったのを知らない可能性もある。しかし彼女の活動家ぶりからしても、重ねての延刑からしても、長い懲役期間、彼女は面会とか対面を許されなかったと思われる）。

姉のリクジン・ドルカルは、少女が独房に入っていたり、罰を受けていない限り、できるだけ頻繁に、たいてい月の十五日に面会に来た（一九九六年から、ダプチでの月一回の面会の規則が変わった。看守に監視された部屋で自由に会えたのが、囚人と面会者はガラスで隔離された。ガラスに開けられた穴から、話をしたり、お茶を渡したりできた。両方に二人ずつ計四人の看守が、彼らの話を監視していた）。

しかし、姉は一九九六年の反乱以来、いかに少女が別の次元に達したかを想像できなかった。看守はそれに気がついていて、一人が「お前は悪魔の化身だ」と言った。

結局、彼女をいちばんよく知っているのは、おそらく大好きなチョチョであった。彼がインドに亡命してもう六年になった。一九九一年にラサを離れてからこの六年の間、絶えず心にかけていたダプチにいる妹に、その手に届くかどうか分からないままに、チベットに手紙を書き続けた。ガワン・サンドルは一九九七年のある朝、一九九六年一月二十日付の手紙をようやく手にした。

手紙が届いたのは幸運であった。監獄の責任者が、差し障りがないと判断したもの以外は、囚人は手紙を受け取ることも出すことも禁止されていた。「覆滅」的手紙が検査の目を逃れるのを防ぐために、面会者は厳重に身体検査された。女性は、メッセージを隠していないかどうか見るために、編髪まで調べられた。チョチョの手紙がどうして何重もの検査を通過できたのかはどうでもいいことで、とにかく手紙は少女の手に渡り、彼女は幾人かの証人に向かってそれを読んだ。彼女たちは、普段は一切表情を表わさない彼女の顔に、このときは感動を読み取った。

兄は彼女のことを心配して、おとなしくしているように、監獄当局に抵抗しないように、要は模範的な囚人であるように言い聞かせていた。怒った彼女は、手紙を皺くちゃにし、床に投げつけた。

「あの人たちは何も分かっていない。あの人たちは何も分かっていない」と、チョチョやインドに亡命した他の家族のことを言った。

彼女の目には、兄の忠告は家族の名誉に対する裏切りであった。

彼女に分別をわきまえて、中国人にへつらい、彼女自身の考えを捨てろと言うのか！　チョチョも他の者も闘争が分からないのか。決して「有雪国」の防衛を諦めないという誓いを、父の教えを、もう忘れたのか。兄はインドに亡命して、チベットの現実から切り離されて、自分の民族を忘れてしまったのか。深く傷ついた少女は、部屋に引きこもった。

一九九七年八月十五日、おそらく後悔して、チョチョに、彼を介して家族全員に手紙を書いた。そして手配してこの手紙を監獄の外に出した。監視が一層厳しくなったとはいえ、ダプチには信頼できる組織があって、外の世界と繋がっていた。数カ月して、貴重な手紙はインドに着いた。チベット語の手紙である（次頁）。監獄にいたにもかかわらず、手の障害（ずっと以前に花火の事故でなくした指先）にもかかわらず、字は完璧であった。西洋人には一読して理解するのは難しい。少女は、その信仰から、そして安全のために、非常に比喩的で、宗教的な言及が多い言葉を使っており、「暗号解読」が必要である。

「一切衆生《いっさいしゅじょう》を自らの子と見なす釈迦牟尼仏《しゃかむにぶつ》の後継者、親愛なるジャンペル・テンジン様（ジャンペル・テンジン〈チョチョ〉は僧侶なので、仏の後継者である）、よくあなたのことを思います。別れてから、もう数年になります。幸いに、あなたは健康に恵まれ、一切衆生に利益をもたらす貴

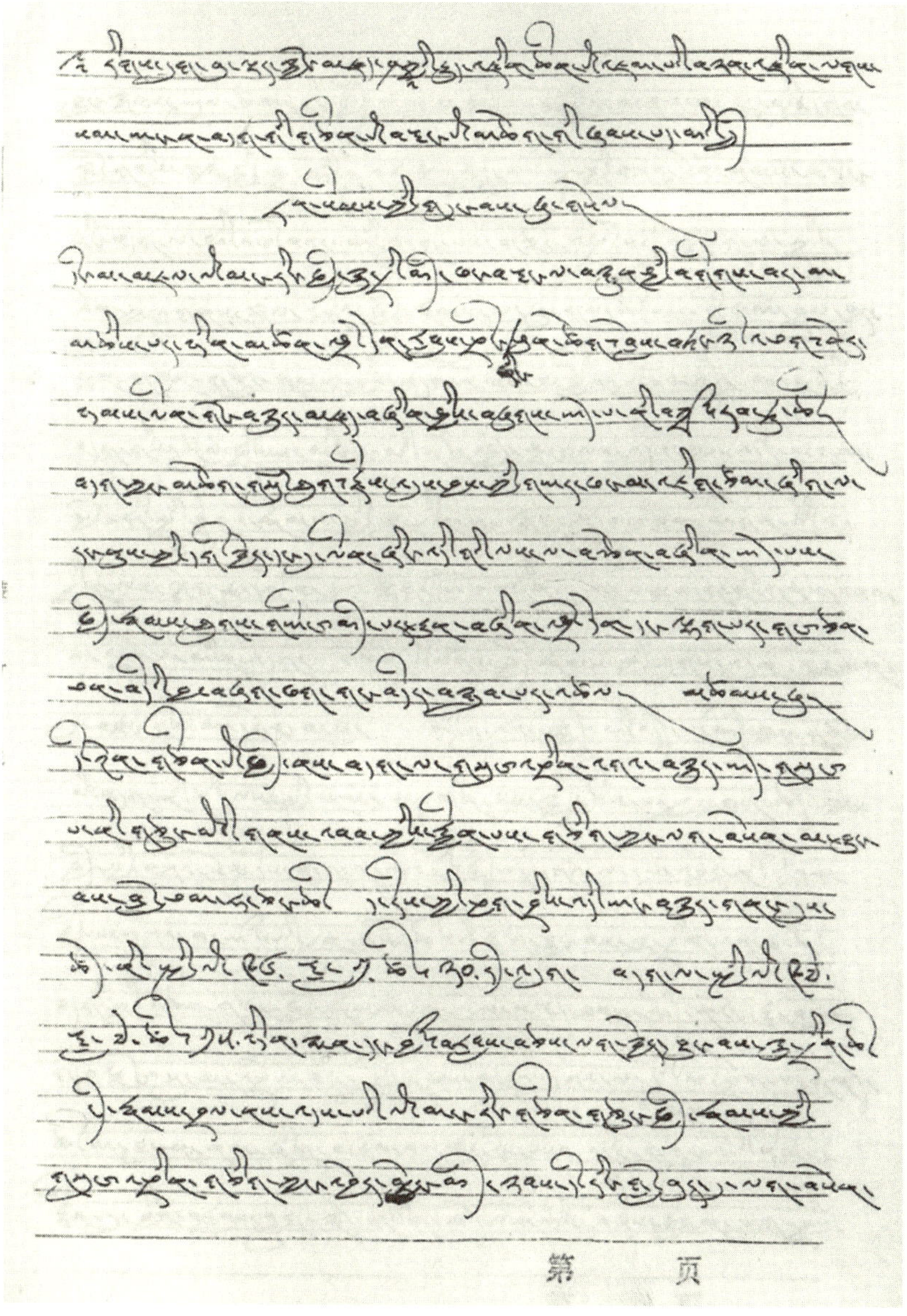

少女が1997 年 8 月 15 日に兄チョチョに宛てた手紙の一部
（訳註：原文では1996 年1月 20 日とあるが誤り）

い宝珠の教え（仏の教え）を真剣に学びました。ありがたく思っています。私も、三宝（仏、法、僧）の御加護で生きながらえながら、一生懸命できるだけ善業《ぜんごう》を積んでいます。どうか私のことは心配しないでください。一切衆生のために、有雪国の一層の幸福のために勤めてください（チベットのために、あなたの活動を続けてください）。

一つ大切なことは、あなたは以前にも何通か私に手紙を書いたと言っていますが、悲しいことに、現在の私の状況からして（彼女は監獄に入っており、自由に手紙を受け取れない）、一通も受け取っていません。

今一九九六年一月二十日付の手紙を受け取りましたが、これ以前には、お兄さんの手紙も、お姉さんの手紙も受け取っていません。手紙を受け取って、一瞬一緒になれたようです。私の胸は、嬉しさと辛さで同時に満たされ、一瞬声も出ませんでした。いただいた忠告は有り難いのですが、私には不要です。怒っているわけでは決してありません。お伝えすべき大切なことがありますが、時間がありません。私の気持ちを分かってくださると思います（ガワン・サンドルは、中国人に押収される可能性もあるので、手紙が自由に書けない）。

もちろんここでは、戒を破らねばならないような状況が多くあります。しかし、政治犯の仲間の助けと、とくに有雪国の主（ダライラマ）の御加護で、今まで以上に善業を積むことができました（チベットのための活動は慈悲の行為と見なされる）。だから現状をまったく後悔していません。お兄さん、私があなたの願いを無視していると思わないでください。この世のすべての生き物は、幸せでありたいと願いますし、そうある必要があります。私は今一切の幸せから縁遠い存在ですが、これは私の業《ごう》で、それが現世に現われているのです。人間として生まれることは難しく、貴重な人身を受けて仏の教えに巡り会えることはさらに難しいということを思い起こしながら、あなたの忠告に感謝します。

お兄さん、お姉さん、一緒にいられなくて寂しいです。でも有雪国に陽が昇らない限り（チベットが解放されない限り）、私たちが一緒になるのは難しいでしょう。それまで、重大な障害がなく、命がある限り、いつか再会できるでしょう。私の思い出に、聖物とか聖薬を容れる小袋（小さな布製の袋）をお送りします。受け取ったら、返事をください。次にまた別な思い出をお送りします。再会まで身体に気をつけてください。そしてたびたび手紙をください。川の水が絶えまなく流れるように。思い出の花びらが無事届きますように（チベット人は、思いを込めた花びらを手紙に添える習慣がある）。

妹ガワン・サンドルより」

20　夜のトイレ（一九九七年）

ダプチでは、すべてが見せかけと偽りであった。当局は数年来の拡張工事と、囚人の何人かが働くセメント工場を誇りにしており、施設を模範監獄だと称していた。北京の命令で、地方紙は囚人の待遇はよいと保証していた。このプロパガンダは、インドに亡命したかつての囚人ののっぴきならない証言を償い、万が一来るかもしれない訪問者を安心させるためであった。事実外国人が囚人の拘置条件を実際に視察に来ることがあった（一九九七年末の時点で、チベットに拘置されている政治犯は一、二一六人、うち女性が二九五人、未成年が三九人と推定されている。Tibetan Center for Human Rights and Democracy による）。

もちろん彼らは施設の全部を見ることはできなかった。当局は、独房とか尋問室は彼らには見せなかった。こうした視察は非常に稀であったが、当局は政治犯がこの地獄を告発しようとしているので、細心の用心をもって準備した。

一九九二年、おそらく少女が監禁される以前に、政治犯は視察団に血で署名した嘆願書を渡そうとした。数カ月後、別な視察団が来たとき、当局は彼女たちに自分たちの区と監獄全体を掃除するように命じた。それから看守に、隊列を組んで温室に連れて行かれ、厳しい監視の下で数時間働かされた。もっと従順と見なされた一般刑囚人だけが部屋に残り、政治犯は、周到に「危険な」温室に隔離され、外国の視察団に会うことはできなかった。

確かに三区は囚人がいなければ、見栄えがよかった。白い壁、けっこう快適なベッド（毛布、シーツ、枕）、広い中庭、花壇、テレビ室、ピンポン台……シャワーもある！　そうシャワー、「冷水温水」！　ただ問題なのは、そして重大なことは、囚人はそれを使えなかった！　長い髪を洗うのに、中庭の二つの蛇口を使うしかなかった。この条件では、衛生は毎日の闘いであり、一瞬一瞬闘っていなければ、徐々に自分の品位をなくしてしまう。

新入者の区画の囲い壁沿いにあるトイレに行くことさえ、恥辱となった。まず看守に許可をもらわなければならなかった。許可されてはじめて行けるのであって、許可は自動的には下りなかった。一人ではなく数人が一緒に行かねばならなかった。トイレは屈み式のものが三つあり、仕切り板はあったが、扉はなかった。看守は何の遠慮もなく見張っていて、長くかかると懲罰を受けた。病気であろうとなかろうと、早く、絶えずより早く用を足さなければならなかった。

夕方、就眠前の最後のトイレは、時計との競争であった。囚人は部屋ごとにトイレに行った。日中以上に時間が限られていて、長びこうものなら、最後のほうの者がつけを負わされた。懲罰として、督堂は彼女たちを、古参組と新入者とを隔離する、風が吹きすさぶ冷え切った二重の厳重な門に閉じ込めた。

一九九七年十一月のある日、夜のトイレの時間に、ガワン・サンドルと部屋の仲間は、いつものとおりトイレに行った。そのうち数人が、寒さか、食べ物か、何かのウイルスのせいで気分が悪くなり、看守の目には時間がかかりすぎた。可哀想なのは最後のナムドル・ロモで、腹痛を訴えてもだめだった。ペンパ・ブチは、彼女を二重の厳重な門に閉じ込めた。

もちろん彼女が謝り、督堂長の寛容を嘆願すれば、たぶん数分は追加してくれたであろう。しかし囚人は誰にも、ことにペンパ・ブチには謝らないと誓っていたので、ナムドル・ロモはそれを守った。他の七人は連帯して、風が吹き抜ける門の中で彼女と一緒にいることにした。

「彼女と一緒でなければ部屋に戻りません。それまでは動きません」と少女が言った。

夜の帳《とばり》が下りてから時間が経ち、だんだん寒くなった。チベットは平均標高四三〇〇メートルであり、この季節には中央アジアの他のどこよりも寒いことを思い知らされた。地面に坐り、風に耐えるためにちぢこまって身体を寄せあい、話し続けた。看守のこと、政治活動のこと……、寒さのことは忘れるようにしなくてはならず、決して口にしなかった。このときに、拘置条件に抗議する次の活動を思いついた。

「明日からハンガーストライキをしたら、作業もやめて、食事もとらないで」と一人が提案した。

全員賛成で、真夜中の二時くらいまで討議した。それで時間を過ごせたし、少なくとも精神的にあたたまった。

二時にペンパ・ブチが来た。

「あなたたちは、まだここにいたの。反省して、考え方を変える時間があったでしょう」。八人の抵抗者は、全員寄り添って黙っていた。ペンパ・ブチの巨大な姿が彼女たちを上から押しつぶした。夜、寒さ、恐怖のせいだろうか。いずれにせよ看守長の姿が、この冷えきった夜ほど大きく、恐く見えたことはなかった。彼女たちの前にこうして立った看守は、制服を着た鬼であった。彼女たちは黙って一言も言わなかった。ペンパ・ブチはこの沈黙を侮辱と受け取った。それは間違っていないだろう。ペンパ・ブチは彼女たちを足で蹴り、わめいた。

「どういう奴らなんだ。何でできているんだ。金属か、木か。謝れ、そしたら帰らせてやる」。

「謝るのは問題外です。私たちは病気で、あなたはそれをまったく無視しています」とようやく答えた。

ペンパ・ブチは譲歩しなければならないと分かった。もう夜も遅く、事件はすでに長時間続いていた。

「よし、立て。部屋に戻れ」。

彼女たちはすぐにそうした。彼女たちは冷えきっており、毛布にくるまることしか考えていなかった。しかし、ゆっくりと、故意にゆっくりと部屋に戻った。

「五分で就眠！　一分でも超過はだめ。話すのは禁止！」と巨大な督堂は苛立った。

ペンパ・ブチは棍棒で囚人たちを殴ったが、それは夕方から非常な試練を課された神経を鎮めるためであった。彼女はドアを閉めて鍵をかけた。彼女がいなくなってから、小さな声で論議が再開した。

「では、明日ハンガーストライキを始める？」。

みんなが少女の方を向いた。もし誰かが決断しないとだめだとすると、それはグループの魂であり記憶である彼女であった。

「だめよ、結局いい考えだとは思わないわ」と彼女が言った。「今は静かにしていましょう。数人が病気だし、危険を冒すときではないわ。少し様子を見ましょう。そしていつか行動を起こしましょう」。

21　広場の反乱（一九九八年）

五月一日はダプチでも祝日である。囚人にとっては休養の一日であり、職員にはお祭りの日である。監獄の中央広場で式典が催され、赤い中国が褒めたたえられる機会である。その場所は、こうした集会によく適した広大な広場で、中央に中華人民共和国の国旗掲揚塔が建っている。

一九九八年のメーデーに、当局は盛大な準備をした。職員全員に加えて、一般刑囚人五百人も動員することを決めた。同じく新入の政治犯も動員された。これは入獄して間もないうちに国歌を歌わせて、命令に服従させようとする意図からであろう。

五十人ほどの若い囚人が、すでに広場に集まっていた。古株はおそらくその「反革命」精神のために、この式典には呼ばれていなかった。ガワン・サンドルと仲間は、群集が国旗掲揚塔の前で「社会主義賞賛」を歌い、中国共産主義を褒めたたえるのを窓から見ていた。一メートル二〇センチほどの塀が彼らの中庭を中央広場から隔てていた。囚人たちは部屋に閉じ込められてはいるものの、広場を見物できる格好な場所を占めていて、いわば特等席にいた。鉄格子につかまって少し上がれば、広場全体が見えた。

式典が始まった。

そして音楽。

赤旗がポールのてっぺん近くまで来たとき、一般刑囚人のカタルという若者が、一摑みの小さな紙片を投げ、それがカーニバルの紙ふぶきのように風に舞った。その紙には、「ポ・ランツェン（チベット独立）！」、「独立！」と書かれていた。そして別の二人の囚人が叫び始めた。

「チベットに中国の国旗を掲揚するのは許されない。

——ダライラマ猊下万歳！

——チベット独立！

——中国人はチベットから出て行け！」。

三人、十人……百人の囚人がこのスローガンを叫んだ。群衆の怒号は、一九八九年のラサの暴動のときのように響きわたった。その叫び声はダプチ中にこだまし、もっとも離れた独房でも聞こえた。

窓に釘づけになったままのガワン・サンドルと友だちの目の前で、中央広場は戦場と化した。囚人と看守は殴り合い、罵倒し合って争っていた。慌てた兵士は群集に発砲した。最初にスローガンを唱えた二人の囚人の身体を、四人の兵士が引きずって行った。それは小さな紙片を投げた男カタルと同じく、殺人罪で終身刑に服していた一般刑の囚人たちで、監獄に入ってから政治犯に共鳴し、闘争に加わっていた。

騒ぎは鎮まり、囚人は各々の部屋に戻された。五十人の新入政治犯は、兵士とペンパ・ブチ、そして彼女の手下に、ことにひどい扱いを受けた。部屋の前に跪《ひざまず》いて許しを乞わされ、それを拒否したものは殴られた。

古株の彼女たちは悄然としていた。部屋の中に閉じ込められ、無力さ、はずかしさを感じていた。兵士を前に何ができただろう。他のもの以上には、何もできなかったにちがいない。しかし、少なくとも、役に立った、連帯した、活動したとは感じることができただろう。ところが自分たちは、「チベット自治区いちばんの監獄」で数年来なかった大事件の、たんなる傍観者にしか過ぎなかった。ガワン・サンドルは、危機のときしばしばそうであったように、勇気をふるいたたせる言葉を見つけた。

「みんな、がっかりなんかしないで。三日後、五月四日にもう一つ式典があるわ。今日のように中国国旗が掲揚されるわ。そのとき、私たちも何かをしましょう。ここにいたとしても、何かできることがあるはずよ。私たちの声が届くように、ガラスを割ってでも！」。

その間、五月一日の騒動の影響はすぐ囚人全員に及んだ。翌日から職員はずっと厳しくなり、監視による締めつけは一層強化された。

三区の古株はそれに無関心だった。彼女たちの頭にあったのはただ一つ、五月四日の式典であった。いつも意見を求められるガワン・サンドルは、ありとあらゆる筋書きを考えていた。「この間の事件でまずありえないとは思うけど、もし広場に行けたら、国旗が掲揚されるときに叫び始めよう。もし閉じ込められて、鍵をかけられたら、さっき言ったとおりにしよう。ガラスを割って、全力で叫ぼう。メッセージが他の人に届くように」。

それまでは興奮した様子を見せないで、何ごともなく仕事をするようにふるまった。

しかしダプチは緊張していた。別の建物に収容されている新入りの政治犯は、ひどく殴られたので、中には気を失ったものもいた。リーダーと見なされた十五人ほどは独房に入れられ、そのために仲間はハンガーストライキを始めた。そして男性の区画である五区からはもっと憂慮すべき知らせが入ってきた。そこでもハンガーストライキを決行中で、その中の一人が死んだという。しかし古株は戦略を変えなかった。「あせってすべてを台なしにしてはダメよ」と言い、五月四日の「五四青年節」まで予定どおり辛抱することにした。

監獄当局は、治安を維持できると確信して、広場での式典に六十人ほどの僧侶を含む囚人たちを参加させることにした。ダプチ当局は、兵士が多くいる前では騒動は繰り返されないだろうと判断していた。もちろん三区の女たちは式典には呼ばれず、また窓にへばりついて式典を見ることになった。「中国人は本当にグプカ（馬鹿）だ。五月一日の事件の後でみんなおとなしくなると思っているのだから」。

この春の朝、国旗掲揚塔の周りには百五十人ほどが集まっていた。

式典が始まった。

音楽！

参加者の中には国歌を歌う者もあったが、プレイバックのように唇を動かしているだけのものもいた。赤旗がゆっくりと昇った。囚人も職員も胸を張り出して軍隊式の礼をすることになっていたが、職員と兵士が気をつけをしただけだった。カンマル寺院の僧侶が怒りを込めて叫んだ。

「チベットは独立だ！　私たちの地で、中国人は中国国旗を掲揚する権利はない」。

他の囚人が続いた。

「自由チベット万歳！」。

遠くの三区の女たちには全部は見えなかった。しかし叫び声と、スローガンと、銃声が聞こえた。軍が介入したのにちがいない。しかし彼女たちには、広場と牡牛ナムゲル・タシの区画がどんなにひどい状況になっているかは分からなかった。

彼女たちにとって事を起こし、男性の囚人を支援するときが来た。各部屋から呼び声が聞こえた。

「それ行け、それ行け」。

少女を先頭に、手を鉄格子越しに伸ばして、手を切る覚悟でガラスを割ろうとした。古株の区全体が「自由チベット万歳！」という叫び声で振動した。外の中庭から見ると、この平屋の長い建物は怒った蜂の巣のようであった。女囚たちは閉じ込められた中で反乱し、叫び声が飛び交い、ガラスが割れ散っていた。切れた手首から血が流れても、何年も前から溜まっていた不満、エネルギー、絶望を発散させて叫び続けた。

兵士たちは広場の反乱者をほぼ鎮圧して、各々の区画に連れ戻し、今度は彼女たちの方にやって来た。

全部屋、一部屋一部屋、囚人たちは髪を引っ張られ、編み上げ靴で蹴られ、地面を引きずられて中庭に引き出された。少女が督堂チュンカと問題を起こした一九九六年のときより兵士の数は少し多く、今回は八十人くらいで、全員武装しており、みな恐いほど興奮していた。

式典のあった広場と中庭を隔てる塀沿いに追いやられた彼女たちは、格好の餌食だった。兵士たちはベルトで、竹棒で、あまりに強く打ったので、自分たちの手が痛くなり、打ち続けるのにひと休みしないといけないほどだった。

この状態が少なくとも一時間は続いた。兵士が手を止めたとき、一人の将校が少女ともう一人に向かって言った。

「そこの二人、ここに来い」。

二人はかろうじて兵士と督堂の方に進んだ。ペンパ・ブチはガワン・サンドルを指さして言った。

「この騒動の扇動者はこの女だ。彼女が全部組織したのだ」。

数人の兵士が彼女を取り巻いた。彼女は、祈るように嘆願するかのように跪いた。顔は青くむくみ、腕は血腫だらけだった。兵士たちは彼女の頭を、腹を、腰を殴り続けた。不屈の人生の中で、こんなに憎しみを込めて殴られたのは初めてだった。彼女の友だちはなすすべもなくリンチに立ち会い、その目の前で彼女は頭に大きな傷を負い、意識を失って崩れ落ちた。血がほとばしり出て地面に広がった。しかし兵士たちはまだ殴る、殴る、殴る……。

ガリの尼僧ペマ・ドルマが駆け寄って、自分の身体で彼女をかばおうとした。怒った兵士たちは彼女を引き離し、ベルトや竹棒で彼女を殴った。それから、少女に対する暴行に疲れた兵士たちは、彼女をしばらく放っておき、残りの者を中庭のまん中に集め、彼女たちが一生忘れないような最後の「お仕置き」をした。それからまた少女に対する仕打ちがはじまった。

数分して、兵舎に帰る時間が来たと判断したらしく、将校の一人が退却を命じた。彼女たちは、痛くてほとんど立つこともできなかった。腹が、背中が、脇が痛んだ。一人は耳がほとんどもぎ取れており、麻酔なしで縫わなければならなかった。

ガワン・サンドルは依然中庭に横たわったままだった。小さな身体は動かず、目は眠ったように閉じていた。そして大量に出血していた。部屋に連れ帰られ、ベッドに寝かされた。歩くことができた数少ない囚人の一人が、たらいに水を汲みに行った。少女に意識を取り戻させ、髪の毛を剃り、傷を消毒しなければならなかった。しかし穴は直径三センチと大きく、頭蓋骨が見えていた。血は止まらず、もう三杯目のたらいだった。督堂に知らせて、医者を呼ぶ必要があるのだろうか。ダプチには他にも負傷者が、そしてひょっとしたら死者もいるだろうし、何も期待できなかった。彼女のために祈り、自分たちの力で何とかして出血を止めねばならなかった。

自分の傷のことも忘れて、この虐待された身体を眺めて泣く者もいた。そのとき手当てに脂肪を使うことを思いついた。シーツを切り裂いて、それにバターを塗布し湿布を作り、傷口にあてた。それでようやく血は止まった。しかし意識が戻るには、まだ時間がかかった。目が開いたとき、彼女の最初の心配事は他の仲間がどうなったかということだった。

「どうしたの、怪我したの。痛い目にあわされた？」。

反乱者たちは惨めな状態だった。彼らの部屋は、監獄というよりは、野戦病院だった。まだ元気なものは、ベッドからベッドへ、タオル、水、ありあわせの包帯を持って飛び回る。緊張が解けると、虐待された体中が痛んだ。血腫は青くなり、こぶは血で腫れ、半ば閉じた目に紫色のむくみができた。

少女は数日寝たきりで、ほとんど動くことも、食べることも、話すこともできず、トイレには友だちに運んでいってもらわねばならなかった。これが、いつでも彼女を侮辱しようともくろんでいるペンパ・ブチや督堂たちを喜ばせた。

「いいざまだ。死んでも、自分のせいだ。お前が、そう望んだんだ」。

一週間の間、看守以外には職員の誰も彼女たちを見にこなかった。もちろん医者も看護婦も来なかった。来たのは残忍な督堂たちだけだった。監獄当局は故意に彼女たちを苦しませておき、それから処罰するつもりだろう。必ず処罰はあるにちがいない。五月十一日頃、ペンパ・ブチとチュンカを含む五人の看守が彼女たちを中庭に呼び出し、一人ひとりに尋問したときに、彼女たちはそれを確信した。

「誰がスローガンを唱え始めたのだ」。督堂長は一人ひとりに訊いた。

尼僧は全員同じ答えをした。

「誰が始めたか知りません。

——お前は、お前は叫んだか。

――私は、チベットの地で中国の国旗を掲揚することは禁止されていると叫びました。同じように「自由チベット万歳！」、「中国人はチベットから出て行け！」と叫びました。自分で叫ぶのに夢中で、他の人が叫んだかどうか知りません。

――そうか、他の者の声が聞こえなかったのか。しかし、同じ部屋にいたのだぞ。私たちを馬鹿にするのか。嘘を言うな！　誰がリーダーだ。誰が煽動したんだ。

――リーダーはいません。誰も命令などしていません」。

当然ながらペンパ・ブチはこの返事が気に入らなかった。それでこの若い女を手下にまかせた。その一人が彼女の髪を摑み、跪かせ、もう一人が鞭で、電気棍棒で叩いた。電気棍棒の電流で身体が震え、苦痛で身体が反り返った。他の者にも、重ねて同じ質問を何度も何度も繰り返した。「誰だ！　誰だ！　誰だ！」。

ガワン・サンドルが六人の拷問者の方に向かったとき、囚人の大半はすでに拷問された後で、壁に寄り掛かるように部屋に戻りつつあった。ガワン・サンドルは五月四日の後遺症がひどく、かろうじて歩ける程度だった。督堂はこれを知っており、この弱味につけ込んで、彼女に白状させようとしていた。

「全員リーダーはいなくて、自分から叫んだと言っている。でも、私たちはお前がすべてを組織したのを知っているんだ。お前だろう。自白しろ！」。

少女は力をふり絞り返事をした。自白の形の返事。というより、それは責任認知であり、挑戦であった。

「そうです。すべて組織したのは私です。私が責任者です」。

一九九二年にダプチに着いてから、ガワン・サンドルがこれほどの危険を冒したことはなかった。彼女の友だちがまたしても拷問を受けるのを避けようと、自分の責任を少し誇張しても、活動家としての責任を全うするためにこうしたのであろう。自己表現のためでもなく、自己顕示のためでもなかった。それは彼女の気質ではない。若い女性の中には、その勇気と、そしておそらく無意識とから私たちを当惑させる人がいるが、そういう女性に往々にしてあるように、彼女の態度はむしろ犠牲的といえるだろう。チベット問題に全面的に身を捧げた神秘主義行者に近かった。

いずれにせよ、督堂はやっとリーダーを手にしたと大喜びであった。ガワン・サンドル、不屈の女、少女は白状し、軍門に下ったのだ。

少女はこの日ひどく拷問されたので、自分の二段ベッドに上がれず、友だちのベッドで寝た。外には、中庭の壁に彼女の拷問の跡が長く残った。長く続く滴る血の跡、手の跡……。

中国当局は、一九九八年春のダプチでの出来事の重大さを決して認めようとはしなかった。同じ年の八月二十七日から三十一日までチベットを訪れた西欧人視察団（ヨーロッパ民主連合）の質問に答えて、ラサの法務局は、監視が驚いて援護の兵士を呼ぶために空に向けて発砲したことは認めたが、五月一日に「チベット独立！」と書かれた紙片をばらまいた青年カタルを含む六名が死亡したという、亡命チベット人の憶測をはねつけた。他の死亡者は、拷問で死んだとのことであった。

この暴動は、その後の政治犯に対する拘置条件へのはね返りから判断すると、当局を相当困らせたようである。

影響力を持ちすぎると当局に判断された数名の囚人は、部屋を変えられた。五月半ばからは、今まで以上に厳しい規律が課せられた。それ以後は、彼女たちは、洗面にもトイレにも部屋を出られず、排泄用のたらいが設置され、みんなの見ている前で用を足さなければならなかった。一緒に収容されている一般刑の囚人だけが、一日に一回たらいを空けに外に出ることができたが、十分とはいえず、部屋は小便、大便の悪臭がただよい、職員が来ると鼻をつまんだ。同様に、一般刑囚人だけが食事のバケツを受け取り、彼女たちの皿とかお碗を中庭で洗うことができた。食事の量が減らされたので、囚人はお腹を満たせず、飲み水も、洗顔用の水も、洗濯の水も足りなかった。

すでに数限られていた娯楽――テレビ、ピンポン、バドミントン――すら禁止され、ガワン・サンドルと古株たちは、六年来なかった厳しい監視の中で部屋に閉じ込められていた。全室に督堂の部屋に繋がった監視用のテレビカメラが設置された。十人くらいのグループに分けられた彼女たちは、四六時中監視され、セメントの檻の中でも厳しい規律を課せられた。ドアと窓に一メートル以上近づかないこと、壁に沿っていること。ことに兵士が広場で国旗を掲揚する月曜日には厳しかった。少なくとも二人の看守が各ドアの前に絶えずいて、彼らの注意が行き届かなくても、規律違反を告発するために選ばれた一般刑の囚人が監視していた。

作業は変わらなかった。毎日、看守が持って来た羊毛をきれいにし、紡いだ。一日中床に坐っていなければならず、身体が痺れた。少女はたび重なる拷問のために、よく腎臓の痛みを訴えたが、他の囚人と同じように一日の規定量は生産しなくてはならなかった。

こうした規律の強化は、男性の区画にも、風が吹き抜ける二重の門で隔たれた新入者の区画にも及んだ（チベットに関して信頼できる情報筋と見なされる チベット情報ネットワーク〈Tibet Information Network〉が一九九九年十二月にインタビューした証人によれば、五区の政治犯も一九九八年五月の暴動以来新しい規律を課されている。一年間部屋からの外出禁止、同じ服の着用、本、ノート、ペン、洗面用具も含め身の回り品の没収）。

どんな強情な頭脳でも再教育できると信じ込んでいる中国人は、古株よりはまだ従順であると見なした囚人に愛国歌を教えることにした。しかし五月一日の暴動への参加が証明しているように、彼女たちは従順ではない。対立は拡大し、一九九八年六月七日の日曜日に、五人の若い囚人（私たちが入手した情報によれば、ツルチム・サンモ、ロプサン・ワンモ、コンドプ・ユンテン、タシ・ラモとヅクピュ・パルモ）が予期せずに看守に連れて行かれた。

「どこに連れて行くの。彼女たちをどうするの」と一人が尋ねた。

「病院に連れて行くのだ」と看守が答えた。

病院に？ 囚人が病院に連れて行かれたことなどないじゃない！ 瀕死の場合は別だが、彼女たちの場合はそうではなかった。では、どうして？ 翌一九九八年六月八日、ダプチ当局は彼女たちが自殺したことを伝えた。

こんな嘘がどうして信じられるだろう。三区のいたるところで、新入者にとっても古株にとっても、その死が処刑か拷問死であることは明らかで、これで春の暴動の犠牲者は十一人になった。残念ながら、首吊りによる集団自殺に見せかけた殺人を告発する証拠はなかった。一九九八年夏付けの次の手紙が明らかにするように、家族にもそれ以上は何も分からなかった。五人の犠牲者の中の二人に親しい者が、インドに亡命している親戚に宛てた手紙である。

「私も含めて家族全員元気ですが、悲しい知らせを一つお知らせしなければなりません。去る五月一日、ダプチの囚人が中国人に抵抗し、なかんずくチベットの国旗を振りかざしました。その結果、六月七日、六人（原註：実際には五人）の尼僧が死にました。そう伝えられています。監獄当局は、二人の尼僧は首吊り自殺と言っています。そのうちの一人は家族のものです。もう一人はペンポ・チョクポの出身です。情報ははっきりしています。人の言うところでは、他の四人はマフラーを飲み込んで自殺したということです。でも本当かどうかは分かりません。こんな事件は信じられないことです。

ダプチの監獄に遺体を見る許可を申請しましたが、拒否されました。結局遠くから遺体を見ることができました。兄弟が遺体を見に行きましたが、近寄れず、検査もできず、触れることなどできませんでした。兄弟は遺体の首に絞首の赤い跡があったと言います。ダプチ当局は六月十一日朝五時に、遺体を火葬にするために監獄から出しました。兄弟は改めて遺体を見たいと申請しましたが、却下されました。私たちは遺体がどこに連れて行かれたのかも知りません。とても悲しかったです。隠しておいても仕方ありませんから、これをお知らせします。故人の冥福を祈ってください。これをお話しするのは、あなたにきっちりした葬儀を営んでいただくためです。お願いしたいのは法要です。私のほうは、こういう出来事で悲しくてそれができません。あなたが悲しみを乗り超えられることを祈ります。身体に気をつけてください。ここ、私たちのところでは、あなたの両親も、他の誰もあなたのように知恵のある者はいなくて、悲しみを超えられません。彼らを慰めるために、手紙を書いてください……」（現地チベットでは、「自殺者」の家族は警察から強い圧力を受けた。中国当局は、彼らが外国に情報を流したと非難した）。

この「自殺」は、五月一日および五月四日の暴動同様、ダラムサラに知らせが届き、外国で大きく告発された。それとは逆に、五月十一日の自白以来、古株のリーダーと見なされたガワン・サンドルがどうなったのか、亡命チベット人たちには何も分からなかった。彼女の裁判は八月末、遅くとも九月に行なわれると予告されていた。まもなくして最初の召喚状がきた。それから二度目の召喚状が届き、ガワン・サンドルはラサの裁判所に再度出頭することになった。

この公判の証言者はいない。そのため裁判官の前での少女の態度を確かめることはできなかった。しかし数人の証言者が、彼女がダプチに帰って来たときのことを話してくれた。

この日、彼女が監獄に戻ると、ペンパ・ブチが自ら彼女を部屋に連れてきた。不思議なことに、督堂長はいつもより優しく、その場に居合わせた囚人の一人は、彼女が少女のことを可哀想に思って同情的なのに驚いた。

「あなたは変わらないのね」と彼女は少女に言った。「いつまでもかたくなに古い考えを守って！　もう一度裁判所に出頭したら、今度は死刑よ、それ以外ないわよ。ほかの者たちを見なさい。数年の懲役で刑を終えて、出獄して、それでおしまいよ。だけどあなたは違っているわ。いつも延刑じゃないの。よく考えなさい、「ネズミ」。よく考えるのよ！」。

ガワン・サンドルはこのお説教を聴き、静かに答えた。

「私は変わりたくありませんし、変われません！　たとえ死んだとしても、したこと考えたことは一切後悔しません」。

いちばん親しい仲間たちが、もう何度目かになる延刑を心配して部屋で待っていた。

「どうだった」と一人がおずおずと尋ねた。

「五年」少女は、動ずることなく答えた。

仲間たちは絶望したが、彼女は違っていた。

「そう宣告してから、裁判官は言ったわ。あなたはこの裁判所に四回出頭し、三回延刑を受け、長い服役になりました。しかし、注意しなさい、また繰り返すことがあって、もう一度この裁判所に出頭したら、死刑です。すでに法律で許されている範囲を超えていますから。次は、私たちにも選択の余地がありません」。

足し算は簡単だ。三＋六＋八＋五＝二十二。ガワン・サンドルは、二〇一四年に、三十五歳で、その人生の三分の二を監獄で過ごした後にしかダプチを出られないのを知っていた。しかし、彼女はそれでことさら苦しんでいるようにも見えなかった。彼女らしく、処罰のことは気にもとめず、犠牲の精神と、さらに、常に中国の秩序に挑戦しようという自殺的ともいえる決意で自分の道を歩む。

チベット人の典型であり、ラサでもっとも有名となったこの囚人は、この日こんな結論を出して、友人たちを唖然とさせた。

「そうね、みんな、私が生きてここから出られるチャンスなどありえないわね」。

22　私は出獄できない（一九九九年）

少女は病んでいた。一九九八年春の暴行以来、健康は悪化する一方だった。肝臓は痛み、腎臓も悪く、特にひどい頭痛に気が狂わんばかりに苦しんだ。同室の仲間たちは、彼女を治療する薬もなく、なすすべもないまま、ますます頻繁に起こる発作を懸念していた。手で頭を抱え、彼女を打ちのめす悪を追い出すかのように、ベッドに身を投げ、壁にぶつかった。闘いに疲れ、次の頭痛まで、次の闘いまで、半ば意識を失って、正気でなくなる状態に陥っていた。

監獄の中庭で拷問されてから、それでも一年が経った。その間、牡牛の娘にふさわしく、判事に、看守に、法外な中国の抑圧に果敢に立ち向かっていた。しかし身体はついていかなかった。身体は注意をうながし、警報を繰り返した。二十歳のガワン・サンドルは、その人生の三分の一を鉄格子の後ろで過ごしており、それは子供の身体にはあきらかに無理であった。殴打も拷問も受け過ぎた。寒さも、飢えも、治療しないままの病いも限度を超えていた。

監獄で行なわれている毎日の心理的暴力も忘れてはならない。いたるところに看守と監視カメラ、グループが結成されるのを防ぐための頻繁な部屋替え、ベッドの中で隠れてしか絶対にできない祈り。グツァの拘置所（一九九〇年の最初の監獄）ほどひどくはないが、食事も同様に身体を消耗させ、衰弱させせた。食事はビタミンと鉱分があまりにも少ないので、大半の囚人は少女のようにそれらの欠乏症で病気になった。

もちろん彼女たちは看守が経営するちょっとした店でいろいろなものを買うこともできた（この店は、いつも開いているわけではないが、囚人は茶碗、鉢、石鹸、歯ブラシ、トイレットペーパーなどを買うことができた。毛糸は五〇〇グラム七元〈約一〇〇円〉でラサの二倍であった。かつては粉ミルク、砂糖、缶詰も買えたが、一九九八年の暴動以来食料品は減らされた）。しかし値段は詐欺に近く、香辛料で味つけした麺が一束三元半でラサの七倍もした。囚人は、家族に余裕があっても、月に少しの果物と三十元しか受け取れなかったので、こんな贅沢は毎日はできなかった。

この状況の中で、少女はどこからエネルギーを見つけるのだろう。ダプチの過酷さに耐える力はどこから来るのだろう。もう何年も一緒にいる友だちにもそれは謎であった。信仰？　もちろん。そして勇気。家族の思い出。愛国心。さらに、一種のかたくなさ。もしかしたら無意識。

若さと人形のような体つきにもかかわらず、ガワン・サンドルにはたえず人を魅了する不死身のイメージがあり、リーダーとしてのカリスマ性があった。囚人が出獄するとき、荷物を作って、最後の別れを言うのは、いつも少女に向かってであった。一九九九年の春、三区にいる六十人ほどのうち、数人の抵抗活動家の尼僧が出獄した。その一人に、ガワン・サンドルは言った。

「ねえ……ここでは完全に嘘のチベット史を教わるわ。本当の歴史を学ぶことが大切よ。ここを出たらすぐに、髪を切って、尼になり、仏教を実践しなさい。私はチベットが自由になったとき初めてここを出ます。それまでは監獄にいるか、さもなければ死んでいるでしょう。でも、私のことは全然心配しないでね」。

ガワン・サンドルは月に一度、姉リクジン・ドルカルとその夫の訪問を受けていた。面会は最長五分と短く、今まで以上に監視されてはいるが、ガワン・サンドルは姉が持ってきてくれるモモを賞味し、家族の消息を聞いた。

家族は相変わらずチベットとインドにはなればなれになっていた。もう一人の姉はタシチョリン寺院で仏道に専念しており、インドに亡命した兄弟は働いたり、勉強に励んでいた。もう北西インドに住んで八年になるチョチョがそうだった。遠く離れて、少女の闘争は彼の闘争になっていた。しかし彼はそれを利用する気はなかった。彼女が今や注目されている政治犯囚人であり、彼は前面に出て彼女の名において発言し、彼女のことを語ることもできたが、そんな行動に出ることはなかった。いつも一歩退いて、控えめで羞恥心があり、彼は彼女のことを語ろうとはしなかった。少女は彼の秘密であり、自慢そして苦しみであった。

一九九九年の夏の初め、いい知らせが届いた。牡牛ナムゲル・タシが釈放されたのだ。六月十三日ダプチの監獄を出て、一九九一年に警察により逮捕されたテンゲンリンの家族のアパートに戻ったが、娘のリクジン・ドルカルに会うために数日留まっただけで、シュプサン寺院の近くの庵に引きこもった。彼は年老い、監獄生活に疲れ果て、もう求めるものは祈りと孤独だけだった。

現在ガワン・サンドルの家族が住むテンゲンリンの正面

少女は父親がダプチを出る前に話をしたかったが、この幸せは拒否された。私たちの証人によれば、隣り合わせにいた七年の間に、彼女は父親に二度、男性の区画との境の扉越しの一瞬を数えれば三度しか会えなかった。いつかまた会えるのだろうか。看守は牡牛に月に一度の面会に来ることは許されないと告げた。いずれにせよ、彼が釈放されたことは、少女の心を楽にした。彼女は父の健康状態を以前にもまして気づかい、ひょっとしたら父は家に帰れずに監獄で死ぬのではないかと心配していた。「父が釈放されて、安心したわ。私はおそらく出獄できないでしょう。私の人生を犠牲にするわ」と、出獄する囚人に打ち明けた。

この自己犠牲は、他の多くの抵抗活動家と同じように、無駄ではないのだろうか。ある日、中国がこのヒマラヤの「植民地」を手放す日が来るのだろうか。チベット人自身が自らの国で少数民族になろうとしているときに、「有雪国」の将来は人民共和国を離れてありうるのだろうか。僧侶階級は、男性も女性も、結局は少数派、確かに活動家ではあるけれども少数派で、その俗人に対する影響力は小さくなっていくのではないか。

世界から遮断され、部屋に閉じ込められたガワン・サンドルや仲間は、彼女たちが投獄されてからのチベットに起きた変化の大きさが分からなかった。それとは逆に彼女たちは、自分たちの闘争がときとして外国にも報じられていることを知っていた。北京の指導者を苛立たせ、たとえ弱くても国際世論がかける圧力に希望を持ち続けることができた。

少女は、服役の年数とたび重なる延刑のせいで、他の政治犯よりも有名になった。ダラムサラでは、多くの亡命者たち、ことに僧侶と尼僧が、彼女を象徴的な囚人と見なしていた。すでに一九九八年に、一万五千人の亡命者からなるチベット青年会議（Tibetan Youth Congress=TYC）が彼女に特別賞を授けた。誰もが彼女の辛抱強さと、彼女の年代に与えた影響を称えた。「彼女はあまりにも有名になったので、中国は彼女を殺したりはしないでしょう」とＴＹＣの事務局長ペマ・ルンドプは言う（ＴＹＣの事務局長でありチベット人民の熱烈な擁護者であったペマ・ルンドプは、ガワン・サンドルに関して私たちが長いインタビューをしてから数カ月して、二〇〇〇年八月に逝去した。彼は、チベット人からも外国人新聞記者からも、誰からも尊敬された）。

西欧でも、親チベットグループがジャーナリズムに積極的に働きかけ、彼女を抵抗運動の象徴にしようとした。彼女の写真は、殉教者としての彼女の運命に一般女性の注目を引こうと、化粧品チェーン Body Shop の雑誌にも掲載された。オーストリア、イタリア、スロヴェニアでは、インターネットのチベット関係のホームページが彼女を大きく取り上げた。

フランスはその先頭に立っていた。チベット人支援委員会と超党派の数人の国会議員によって、さまざまな活動が行なわれた。関係大臣、ジャック・シラク大統領への手紙、国会議員の政府への質問、芸術家の嘆願、特別小冊子（『ガワン・サンドル、抵抗するチベット』）の発行など。

一九九八年十二月、外務大臣ユベール・ヴェドリンヌは、シェール県の社会党国会議員ヤン・ガリュ宛の手紙の中で、初めて書簡をもってこの若い女性の運命について触れた。「政府は、ガワン・サンドルの状況、そして彼女の長期にわたる拘留による、フランスでの反響の重大さを認識しております。この若いチベット人の囚人を含む政治犯の扱いに関して、両国間の会議ごとに、あるいはヨーロッパ・中国会議の折に、中国政府に質すことにします」。

他の活動も準備中である。ドイツの高校生による「不屈の尼僧」という演劇、人権をテーマにした弁論大会、ガワン・サンドルの絵葉書を五〇〇枚監獄の所長に送ること……。

二〇〇〇年四月二十五日、この運動はさらに次元を高めた。文芸関係者、演劇関係者、スポーツ関係者、政治家（超党派の百人以上の国会議員）が署名したアピールが発表された。マリ・クレール・メンデス＝フランスから映画監督のコスタ・グラヴァ、サッカーの世界チャンピオン、エマニュエル・プチから作家のイヴ・シモンなどが署名した（六カ月後、二〇〇〇年十月二十四日、作家イレーヌ・フラン、国会議員ヤン・ガリュ、チベット人支援委員会の責任者を先頭に、署名者数人がパリの中国大使館に出向き、ガワン・サンドル擁護のアピールを渡し、外交官との対面を申し出た。しかしこれは拒否された。ちなみにこのアピールは英語、中国語に訳されている）。

初期から活動している歌手のヴェロニック・サンソンはこう書いている。「冷酷な圧制者の犠牲であるガワン・サンドルを憤りを持って支持します。もっとできることがあったなら……。不寛容と独裁はどんなときにもあるでしょうから、それが少しでも和らぐように努力しましょう」。

ダプチの有刺鉄線の向こうにも、時として抵抗運動に関する情報が届くことはあるだろうが、少女は自分が外国でどれだけの支援を受けているかは、おぼろげにしか知らないにちがいない。

同様に彼女の運命を、ダライラマ自身をはじめ亡命チベット政府が気にかけていることを、彼女は知らないだろう。ダライラマが一個人のことを気にすることは非常に稀である。彼は政治・宗教両面の指導者として、一歩退いて、高みから見ていなければならない。このタイプの女性に対して、政治闘争を擬人化することは、ダライラマらしくないことである。しかし今回に限って、規則に例外が設けられた。特別秘書課に提出された私たちのインタビューの申し込みは受諾された。この本のために、ダライラマはガワン・サンドルのことを話してくれる。二〇〇一年の春の末、ダラムサラの彼の事務室で私たちを迎えてくれる。

23　ダライラマが語る（二〇〇一年）

ダライラマとの面謁は特権である。このチベット人の政治と宗教の指導者は、祖国の悲しい現実から切り離された近づきがたい高位の人ではなく、実際にはその反対といえる。ただ彼のスケジュールは国家元首並みで、自分の民族の問題を訴えたり、仏教の教えを授けたりするために旅行をし、そのほかはインドのダラムサラに亡命チベット人と共にいる。ヒマラヤ越えの信じられないような逃避行の末に運よくここに辿り着いたチベット人亡命者は、ダライラマを目のあたりにし、彼に近づくことを夢見ている。中には、それが一生の目的であり、希望の成就である場合もある。原則として、彼はグループで面謁し、グループの一人ひとりに言葉をかけ、ときには各人の今後の計画を尋ねたりもする。しかし個人的な面謁は稀である。ダライラマには、ことに世界のメディアから申し込みが多く、面謁の約束を得るには数カ月、ときとしては一年前から申し込まねばならない。面謁者の選択および面謁時間はテーマの重要性によって決まる。

ガワン・サンドルに関する本書の出版は、抵抗運動の第一線にいる若い女性の重要性を認識している彼のアドバイザーの目にすぐにとまった。チベット人が猊下と呼ぶダライラマ自身も、私たちの面謁をすぐに予定に組み入れてくれた。そして最長四十五分のインタビューができることになった。

彼の宮殿は、ダラムサラのはずれ、マクレオドガンジの高みの、きれいに木と花が植えられた庭の中にあった。正直なところ、「宮殿」は大袈裟で、建物は塀に囲まれているが、目を見張るような豪華さはどこにもなく、むしろ慎ましやかさと平静さが感じられた。ツクラカン（お堂）とナムゲル寺院の前を通り過ぎ、身許検査を受け、飛行場にあるような金属探知機をくぐり抜け、それから少し右手に数段上ると、ダライラマの応接室に着いた。

待ち合い室にはソファと低いテーブルがあり、チベット語の雑誌が置いてあった。壁にはガラスの入った戸棚があり、ダライラマが西洋で受けた勲章、公の手紙、お土産が飾ってあった。そこで二人が私たちに合流した。それは西洋人担当の秘書官テンジン・ゲシェンと、ダライラマの甥テンジン・タクラであった。テンジン・タクラは感じのいい青年で、私たちの録音機が大きいことをちょっとからかった。私たちは彼らをよく知っていたし、彼らは私たちが持っている、少女および政治犯全般についての興味を理解していた。この二人が私たちの面謁に同席することになった。

応接間に入る時間になった。西欧ふうの調度だが、チベットの本が飾ってあった。猊下は数分してから、いつもの僧衣で私たちの前に現われた。私たちが慣習に従って、カタ（敬意のスカーフ）を差し出すと、彼はほほえんだ。ダライラマは、生まれながらに魅力的な人物だ。未知の人でも長年の友だちでも、誰と会っても幸せそうに、いつもほほえむ。しかし彼はこのほほえみにもかかわらず、隔絶された祖国を見渡し、そこにいる政治犯のことを心配している。

ダライラマはまず牡牛ナムゲル・タシのことを尋ねた。彼はこの男が、かつて彼の寺院で重要な地位にあったことを知らなかった。一九五〇年代当時、未来のノーベル平和賞受賞者はまだ青年で、管理や監督などの心配事とは無縁であった。「彼はまだ生きていますか」と少女の父親のことを尋ねた。幸いに生きてはいるが、一九九九年の春に監獄を出て以来、彼の健康は悪化し、その一年半後、二〇〇一年一月九日、ラサの軍事病院に危篤状態で入院した。重い腎不全、水腫、高血圧であった。医者は悲観的であったが、それでも数週間の間に力を取り戻し、一月二十七日に退院して、瞑想生活に引きこもった。彼の政治闘争は終わり、子供に、ことに少女にバトンタッチされた（訳註：ナムゲル・タシは、二〇〇一年九月ラサで亡くなった）。

ダライラマは、この国を思う心の継承は愛国心の模範であると言った。「私たちが権利を回復するまで、両親がこの精神を子供に伝えるのは当然です。一九五一年およびその後の出来事を経験したチベット人、中国兵と闘ったチベット人はもうほとんど亡くなっています。一九六〇年代初めの次の世代は、別の問題を経験し、今、表舞台から退こうとしています。若者は強いチベット精神を持ち、その後を継いでいます。たぶん両親以上に強い精神で！　チベットの老人たちは、中国人の手であまりにも苦しめられ、あまりに残忍なめに遭わされた結果、新たな活動をするのが恐ろしくて躊躇しています。若者のほうが、勇気がある場合があります。チベット語も話さず、中国人の生徒と中国で育った若者の中には、非常な愛国主義者がいます」。

ガワン・サンドルはラサで育った。ダライラマは彼女を間違いなく「チベット問題の象徴」、「格別なチベット人」だと思っている。すでに指摘したように、ダライラマが個人を例に取り上げるのは稀である。チベット人は個人を前面に出すことをしないという道徳的制約から来ている。また猊下《げいか》は、これは、彼女のことを大きく取り上げると、彼女が報復に遭う可能性があり、それを心配しているのであろう。「この本のせいで、彼女が苦しむようなことがあってはならない」と言った。私たちは私たちのとっている方法と、証人の名前を出さないように注意している旨を伝えた。ガワン・サンドルについては、彼女の性格からして、彼女の闘争からして、そしてこの本が彼女がもっとも願っていること、即ちチベットの運命を告発することに完全に適っていると、私たちは確信している。

ガワン・サンドル一人ではなく、ダプチの不屈の女たちすべてに、すべての女性抵抗運動家に、ダライラマは敬意を表している。

「私は彼女たちに敬服します。彼女たちの信念と、意志に対して。この若者たちはすばらしい。ラサのようにデモをしたとしても驚きません。

——中には死を覚悟の人もいます。この力はどこから来るのでしょう。

——国家のための闘争と、仏の教えに対する義務の組み合わせでしょう。言葉を変えれば、愛国心と仏教の信仰から来るのでしょう。チベットの自由は、仏の教えに密接に結びついています。この自由なしには、仏の教えを生きられません。私個人の闘争は、チベットと仏の教えの存続に捧げられています。この種の闘争は、イデオロギーなり権力に基づいた政党制とは何の関係もないことを言っておきたいと思います」。

しかしそれにもかかわらず、この若い女たちには思いもおよばない謎が残る。どうしてこんな苦しみに耐えられるのか。私たちは、ダプチの恐怖を語ってくれた彼女の友だちと同じように、少女が部屋の中でこっそり祈っていること、そして兄チョチョに宛てた手紙の中でダライラマに触れていることを伝えた。ラサの監獄を出獄した他の囚人も、ダライラマのことを考え、ダライラマが自分の傍らにいることを観想しながら、苦しみに耐えたと言っている。ダライラマは、この指摘に非常に感動し、しばらくの間沈黙していた。そして、信仰に戻りこう説明した。

「感情の世界では、恐怖はネガティブな影響があり、信仰、慈悲、信心は逆に精神にポジティブな影響を与えます。こうした要素が、長い歴史を持つ国とそのユニークな文化遺産を守ろうとしているガワン・サンドルおよび彼女の仲間に、力を与えているのだと思います。この国とその遺産は、チベット人だけでなく、中国人も含めて他の国民にも有益なものです。そのために彼女たちは犠牲を払っているのです。チベット人は彼女たちの意志に感服しています。もちろん非常に若い人たちがこのような苦しみを受け、人生を台なしにしてしまうことを悲しく思っています。でも私たちは全員、彼女たちの意志力に感服しています。私たちの闘争は正当なものであり、世代から世代へと受け継がれるでしょう。ますます多くの人が、特に中国人が、その勇気の真価を評価するようになるでしょう。

――ガワン・サンドルのような個人的な活動が、チベット問題に何かを確実にもたらすでしょうか。

——もちろんです。まだ最終目的を達成してはいませんが、それは時間を必要とし、容易ではありません。私たちの目的を達成するには、多くの個人的な活動を集積する必要があります。一人ひとりのレベルで考えると、目的達成は難しく思えます。しかし一人の活動が何の影響力もなく、価値がないというのは間違っています。この闘争は、チベットの外にいる者も含めてチベット人全員の闘争です。私たちの努力はすべてこの目的に向けられています。いいですか、今の私たちの状況は一九六〇年代一九七〇年代のそれとは大いに違っています。当時は、チベットで何が起きているかを知る人は非常に少なく、中国人に私たちのことを質問した政府、議会はありませんでした。今日、ほとんどのヨーロッパ諸国が私たちのことを知っています。フランスをはじめ多くの政府がチベットに関心を持っています。中国本土でも変化がありました。より多くの中国人、学生、作家、芸術家が、私たちの国、文化に対してより正当な態度を示しています。中国人旅行者もますますチベットを訪れています。経済的な目的で働きにくる中国人ではなく、観光客です。その多くはチベット仏教を真摯に信仰しています。自国の政府を批判する人も増えています。この肯定的な変化は私たちの努力の結果です。ガワン・サンドルがしたように、そして続けるように、三十年来多くのチベット人が非常な意志をもって、死を賭してまでデモをしています。これはチベット問題への大きな貢献です」。

インタビューも終わりに近づき、ダライラマは現在のチベット、つまり牡牛ナムゲル・タシが一九九九年六月にダプチを出獄して、おそらく非常に変わったと思ったにちがいないチベットに触れようとした。ダライラマによれば、武力で制圧しようとしている北京は過ちを犯している。彼の言うところでは、一九八〇年代終わりのような蜂起の条件――政治的、社会的、経済的――は整っている。「現在の中国のチベット政策が、問題を喚起し、将来の紛争の種を蒔いていることは確実です。中国人は抑圧し弾圧することで国の統一と安定が保てると思っていますが、それは短絡的な視野です。抑圧すればするほど、反感は強くなります。今のところ、彼ら（チベットのチベット人）は一九八八年以前のように中国に押さえつけられていますが……」。

チベットの解放、ダライラマが好む言葉では「自決権」は、暴力を介して実現されるということなのだろうか。平和デモ以上に強硬な闘争について賛成派と反対派にチベット社会を二分する問題の核心である。チベット内のそしてチベット外のチベット人の中には、チベット問題の解決にはもっと「肉体的」な闘争が要求されるときに、亡命政府――ということはダライラマなのだが――は仏教の原則に捕われすぎていると批判するものがいる。この点に関して、ノーベル平和賞受賞者は非暴力を貫き、外国の例を挙げる。「自由は、必ずしも暴力で得られるものではありません。旧ソ連、東欧諸国、フィリピンの例を見てください。暴力なしで達成されていますし、またベルリンの壁もそうです」。

ダライラマとの面謁の最後はきまって写真である。「カメラは？　カメラはどこですか？」。私たちが部屋を出ようとしていると、ダライラマが尋ねた。いつもこうなのだ。絶えず微笑み、まねのできない高らかな笑い方をするダライラマは、訪問者が一緒に並んでポーズを取り、記念写真を持ち帰るのが好きなのだ。幸いにカメラは用意してきた。ダライラマの甥が二枚写真をとった。今度はダライラマからカタを贈られ、部屋を出た。

部屋を出て、まずガワン・サンドルのことを思った。ダライラマが彼女についてインタビューに応じてくれたことは、きっと彼女を大喜びさせるだろう。そして、彼女がまだそれを疑っているのなら、彼女の「犠牲」が無駄ではないことの確証をもたらすであろう。どうしたら彼女に連絡して、この喜びを与えられるだろうか。ダプチの監獄の作りからして、運がよければ一カ月後に、一年後に、ガワン・サンドルは知るであろう。監禁されてから九年後の二〇〇一年六月十一日、彼女が静かな祈りの中で「宝珠」とよんでいたダライラマが、彼女を「格別なチベットの女」であると、その勇気を称えたことを。

24　不屈の女（二〇〇一年）

九年。少女が監獄に入ってから九年になる。しかし一九九二年六月十八日、ラサの中央大広場で彼女があげた悲壮な叫び声を、誰が覚えているだろうか。今は成人した女性となった、この十三歳の子供を誰が分かるだろうか。チベットの首都は忘却を常とし、記憶を消滅させながら、最悪の事態である精神の植民地化により、年ごとに腐敗してゆく。逆説的だが、ガワン・サンドルの声が聞きとどけられたのはダプチにおいてであった。そう、ここの鉄格子、塀の壁、監視塔の世界で、彼女の声はようやく響いたのだ。歌を歌う尼僧の声、反乱者の声、外国にまで届いた声。

ときどきこの地獄から心配な報せがフランスまで届く。例えば二〇〇一年の春、少女は監獄で死に、「チベットのジャンヌ・ダルク」は不可能な抵抗の前線に倒れた、とのニュースが流れた。それはもちろんデマであったが、噂を止めねばならなかった。この本が出版される時点で、彼女はちゃんと生きており、間違いなく、その闘争を続けていく決心をますます強くしているだろう。

三区で年頭に死者が出たことは事実であり、あの一九九三年に「歌を歌った尼僧」の一人ガワン・ロチョが、ラサの軍事病院に二月に入院し、そこで亡くなった。一九九二年五月、少女よりも一カ月前に逮捕された彼女は、みんなの目には健康に見えた。歌の事件の後で、彼女の刑は五年延長された。少女と同じく、彼女は古株のグループで、すべてを共に経験してきた。屋外の体操、温室での、部屋での作業、ペンパ・ブチのいじめ、一九九八年の暴動……。

不可解な状況の中でのこの死は、他の囚人を動揺させた。ダプチでも他でも、政治犯同士のつながりは何よりも強い（二〇〇〇年十二月に出版されたチベット人権センターの報告書によれば、チベットの政治犯は四五一人で、うち僧侶が二五六人、尼僧が七四人である）。おそらくそれは家族の絆より強いであろう。彼らは、多くの苦しみ、秘密、ときには幸せを共有しているので、その関係は共犯意識や友情に育まれたこの上ない豊かなものであり、自由な身の男女には計り知れないものである。

ダラムサラで二〇〇一年六月の週末、私たちはそれを目のあたりにした。この日、インドに亡命した、俗人と僧侶の立場を超えて、インドに亡命したかつてのダプチの囚人四十人ほどが、私たちを山のせせらぎ近くにピクニックに招いてくれた。何カ月も、何年も前から、こうして仲間だけで集まりたかったのだ。このかつての囚人たち（男性二十四人、女性十四人、うち尼僧十一人）の団結の強さから、仲間というより、家族といったほうがふさわしい。

決められた日の六月九日土曜日、広い草原に大きなチベットテントを張った。そして食べ物、遊び道具、バドミントンのラケット、ボールを取り出した。この再会は淡々としており、陽気さと哀しみがまじり、感動的だった。もちろん、この本を書くのを手伝ってくれたガワン・サンドルのもっとも親しかった友だちやダプチの脱獄者と、ガワン・サンドルのことをたくさん話し合った。午後になって彼女たちは、一九九八年の暴動からしばらくして三区で書かれた歌の歌詞を口ずさみ始めた。それを聞きながら、全員の目が涙で潤んだ。バドミントンをしていた者もそれをやめた。せせらぎの音と尼僧の歌だけが聞こえていた。

一九九八年五月一日
心清らかなわが友政治犯は
真実のためにデモをした

山のように汚れのない清らかな心の持ち主は
不幸なチベット人民のために努力を尽くす
そして今、心もなく、信仰も、法律も持たぬ者が
私たちを独房に閉じ込める

何と哀しいことか！

寒さと、飢えと、恐怖に苦しむ

火と、氷と、飢えの地獄
政治犯はこの地獄の中

何と苦しいことか

心もなく、信仰も、法律も持たぬ赤い中国人は
恥じらいもなく、躊躇することもなく、チベットを占拠する
彼らは傲慢と利己主義に満ち
ラマから弟子を引き離す

何とチベット人は不幸なことか

天の神よ、私たちを慈悲で祝福し給え
苦しむ私たちを、そして直に真実を与え給え
私たち全員が一緒になれますように

仏に、法に、僧に祈願したてまつる

ガワン・サンドルの友だちは歌い、彼女のために祈る……。有名無名の西欧人が彼女のために活動する……。フランスは、結局は無駄に終わったものの、在中国大使に、ラサに赴き彼女の減刑を交渉するように指示した……。そして今、この本……。すべては、願っても叶いそうもない少女の釈放という理想を追っている。

もう少し夢を見よう。中国は、突然、世論を鎮めるために、あるいは外交戦略上から、刑が終わる二〇一四年より前に彼女を釈放する。もう少し夢を見よう。一カ月後に、二年後に、いずれにせよできるだけ早く、ペンパ・ブチの配下の看守が彼女の部屋に行き、この知らせを告げる。するとどうなるだろう。私たちには分かっている。彼女はこんな特権は撥ねつけて、彼女の仲間と残るにちがいない。

伝記を書いて分かったいちばんのことも、彼女の根本的な矛盾もこれに尽きる。本人はおそらく釈放されたいとも思っていないのに、どうしてこの若い女の釈放を獲得しようとするのか。

それはどうでもいい……。これを理解するには、彼女の、そしてその家族の肖像画を描く必要があった。彼らのこの並はずれた運命を語って初めて、その犠牲の大きさ、その意味していることと、それが象徴していることが理解できた。

亡命中の彼女の友だちとの六十時間に及んだインタビューの後にこの本を終えて、私たちは囚人の闘争を伝え、ことに尼僧が犠牲者となっている抑圧を告発するという、少なくとも彼女がいちばん希望していることに応えられたと思っている。この基礎的な満足の上に、最初の勝利が加わる。今日抵抗運動の情報網により、私たちのことは少女に伝わっていると確信できる。彼女は嘆願書を知っている。彼女はこの本を知っている。彼女は、自分が「囚われのチベットの少女」になったことを知っている。

パリ、ダラムサラ

二〇〇一年七月

謝辞

この本を執筆するにあたって、不可欠とも言える貴重な支援をしてくださった方々にお礼を申し上げたい。特にトゥプテン・ペマ・ラマ。通訳として助言者として、辛抱強く親切に私たちに付き添ってくださった。彼の仏教そしてチベット人に関する完璧な知識抜きには、われわれはガワン・サンドルの人生および闘争に関して、これだけの情報は得られなかったであろう。私たちに信頼と友情というかけがえのないものを提供してくれた証人たちにも、お礼を言わねばならない。チベット人支援委員会（CSPT 174-176, bd Eugène-Decros, 93260 Les Lilas）とその中心となる二人、シリル・ベーランとジャン・ポール・リブ。彼らがいなかったら、彼らの辛抱強さがなかったら、フランス人はチベットいちばんの政治犯のことを何も知らなかったであろう。最後に、原稿を注意深く読んで、適切な助言をくれたサンドリンヌ・フルゴリ、セシル・ブルサール、ロベールとドロテ・ブルサールの四人にお礼申し上げる。

著者

解説

今枝由郎

チベットがアジアの歴史の舞台に登場したのは七世紀前半のことである。それから九世紀中頃までの二世紀余が、チベットの一つの黄金時代といっていいであろう。「世界の屋根」チベットに発祥した騎馬農耕民族チベット民族は、中国の西北辺境に突如として姿を現わした。開国の英主ソンツェン・ガンポ（六四九年没）の治世下に中国辺境の民族を侵攻しはじめ、唐朝（六一八—九〇七）にも、その初期から使節を遣わすようになった。この新興勢力を懐柔するため、唐は文成公主（公主は狭義には天子の娘を指す。しかし広義にはその血縁の子女にも応用される）をソンツェン・ガンポに嫁がせた。

本書に登場する老教師もそうであるが、中国人はよくこの婚姻関係をもって、チベットがあたかも中国に統合され、同一民族となったかのように主張する。しかし実際にはこの婚姻は、当時唐朝が周辺異民族にたいしてとっていた外交政策の一環に過ぎず、これによってチベットが中国に隷属したわけでも、両民族が合体したわけでもない。本書の主人公ガワン・サンドルが答案に書いたように、「中国の公主とチベット王の結婚は結婚であって、それ以上の何ものでもない」

（八世紀にはもう一人、金城公主がチベットの王に嫁いでいる）。

その証拠に、その後ますます勢力をつけたチベットは、中国の西に一大軍事国家を形成した。この当時のチベットは中国史料では吐蕃《とばん》と呼ばれ、中国にとってもっとも強敵で、もっとも恐れられた辺境民族であった。奇《く》しくもこの当時日本は、唐の朝廷で吐蕃と邂逅《かいこう》している。記録によれば、日本の遣唐使と吐蕃の使節が唐の朝廷で同席すると、日本は吐蕃の下座に坐らされたという。これは少なくとも唐の目には吐蕃の方が、日本よりも重要な、強力な国家と解されていたことを物語っている。今や経済大国となった日本と、インド亡命中のチベットの現状からは、想像もできないことである。

吐蕃の名残りはもう一つ日本に残っている。兜跋毘沙門天《とばつびしゃもんてん》である。この像はいくつかの寺院に保存されているが、ただ漠然と、唐代に中国の辺境に現われて国土を守った武将を表わした毘沙門天の一変形と言い伝えられている。しかしこの兜跋と吐蕃とが同じ音を表わしていることは間違いなく、この像はチベットの武将を表わしたものである。当時のチベットはアジアでも有数の軍事国家で、その兵士の甲冑《かっちゅう》の優秀さ、強靭さはよく知られていた。

八世紀になるとチベットはますます勢力をつけ、版図を拡大した。七六三年には唐の都長安を軍事占拠し、一時的ながら唐の皇帝を廃位し、新帝を擁立した。理論上はこの時点で中国の唐朝は終わり、他のいくつかの民族が打ち立てたような征服王朝——例えば元——が成立したことになる。このチベットの中国支配は数週間の短命に終わったが、もしもう少し続いていたら、その後の中国やアジアの歴史は大きく変わっていたであろう。

いずれにせよ、この当時のチベットは強力であった。西はアラブ勢力と鎬《しのぎ》を削り、北は敦煌をはじめとする中央アジアのオアシス都市を支配し、南はヒマラヤ山脈を越えてベンガル湾まで勢力を伸ばし、東は中国の内地まで侵攻した。中国の史料は、かつて辺境の民族がこれほど栄えたことはなかった、と畏怖の念を込めて記録している。

こうして版図を広げたチベットは、各地で仏教と出遭った。これはチベットのその後の歴史を決定する宿命的な出会いであった。八世紀後半には護国寺としてのサムエ寺が建立され、国家勢力の庇護の下に仏教が栄えた。大規模な仏典翻訳事業が開始され、後のチベット仏教発展の礎が築かれた。仏典を中国語による漢訳のまま受容し、決して日本語に訳すことがなかった日本仏教との本質的な違いがここにある。

九世紀の前半に中国とチベットの間に和平条約が結ばれた。そのときの条文は唐蕃会盟碑《とうばんかいめいひ》としてラサに現存する石碑に刻まれているが、そこには「大チベット、大中国」とあり、両国はまったく対等に扱われている。

二世紀余にわたって繁栄した吐蕃王国は九世紀の中頃に崩壊した。この時代をチベット史の第一幕とすれば、それは軍事国家の時代であった。

続く一世紀余は、信頼できる史料がなく、チベット史の暗黒時代である。十一世紀に入りチベット史の第二幕が開くと、それは仏教王国の時代であった。吐蕃王国の崩壊とともに国家の庇護を失った仏教は、一時衰えたが、その後氏族教団仏教として復興した。いくつもの宗派が現われ、その本山が各地で政治、経済、宗教の中心となった。こうして十三世紀初頭のチベットは、群雄割拠ならぬ、群寺割拠の仏教の再興時代であった。

そのころモンゴル勢力が擡頭し、世界帝国を形成する勢いにあった。モンゴルの鉾先はチベットにも向けられ、軍事遠征が中央部にまで達し、チベットは未曽有の危機を迎えた。しかしサキャ派を代表するサキャ・パンディタ（一一八二—一二五一）がモンゴル朝廷に派遣され、その卓越した政治手腕のおかげでチベットはモンゴルとの戦禍を免れた。

その後モンゴルは中国を征服し、チンギス・ハンの孫クビライ（一二一五—一二九四）が世祖（在位一二六〇—一二九四）として即位した。このクビライとサキャ・パンディタの甥パクパ（一二三五—一二八〇）との間に、チェ・ヨン（帰依処・檀越）という特殊な関係が結ばれ、それが元時代（一二七一—一三六八）の中国・チベット関係を規定した。この関係は、パクパは皇帝の師すなわち帝師であり、皇帝クビライはパクパに帰依し、その教えを受け、その代償に皇帝は檀越（＝施主）として、帝師に捧げものを寄進するというものであった。二人の人間の個人的な関係が、パクパをチベットの代表とし、クビライを元の代表として、チベット、元の二国間関係に適用されると非常な曖昧さが生じてくる。

中国側はこの関係をもって、チベットは元の保護国となったとみなし、チベットはこの時代から中国に隷属したと主張する。しかしこの主張には無理がある。チベットと元の間には、政治的・宗教的にゆるやかな相互依存関係があったと見るのが妥当であろう。

モンゴル人による元の後を継いだ明（一三六八—一六四四）は、漢民族の王朝である。この時代はチベットはまったく中国から独立しており、明による軍事侵略といったこともなく、チベット・中国関係史の中でもっとも平穏な時代であった。

その後、今度は満州族が明を打倒し、清朝（一六一六―一九一二）を打ち立てた。今まで見てきたことからも分るように、中国の歴史は決して一貫した漢民族の歴史ではなく、異民族による支配と、漢民族による支配とが交互に繰り返された複雑な歴史である。

そのころチベットでは、十五、十六世紀と政治的に不安定な二世紀の後、五世ダライラマのガワン・ロサン・ギャムツォ（一六一七―一六八二）が登場し、一六四二年にはモンゴル族の軍事勢力を背景に全チベットに覇権を樹立し、国情が安定した。現在にまで続くダライラマ政権の始まりである。五世ダライラマは清の康熙《こうき》帝（在位一六六一―一七二二）と、パクパとクビライの関係に似た友好的な関係を打ち立てた。彼の治世は、古代の吐蕃王国時代以来の黄金時代といえる。五世ダライラマが「偉大な五世」と称されるゆえんである。

この当時チベット文化圏は、チベット本土を中心に、西はラダックから東は青海省、四川省まで、北はモンゴルから南はヒマラヤ山脈を越えてネパールの北部、インドのヒマチャル・プラデーシュ、シッキム、アルナチャル・プラデーシュ州の北部、ブータンにいたる広大な地域に広がった。いわゆるラマ教とよばれる大乗仏教を中心にしたチベット文化は、中国、インドとならぶアジアの偉大な文化の一つである。

清朝は、歴代中国王朝のなかでもっとも侵略的、植民地的な国家で、北方および西北方に貪欲な版図拡大を開始した。その結果、中国の領土は明の時代と比較すると倍増した。そしてその触手がチベットにも向けられた。

チベットでは六世ダライラマ（一六八三―一七〇六）の正当性の問題がもつれ、政情不安な時期を迎えた。七世ダライラマ（一七〇八―一七五七）は中国とチベットの辺境地域に生まれたが、彼をチベットの首都ラサに護送するという名目で、中国軍はチベットに侵攻した。一七二〇年のことである。このとき清朝はラサに「西蔵平定碑《チベットへいていひ》」を立て、チベットを征服したと主張した。以後二〇世紀初頭まで、アンバンとよばれる軍事司令官を長とする小規模な中国軍がラサに駐屯した。しかし、中国がチベットの内政に干渉することはなかった。この時期、清朝はチベットに対してゆるい宗主権のようなものを行使していたといえる。それはインドを植民地支配していたイギリスも、チベットに関して中国と交渉していることからもうかがえる。

一九一二年に中国最後の王朝清が滅び、中華民国が成立した。このときチベットは中国のあらゆる軛《くびき》から解き放たれ、十三世ダライラマ（一八七六―一九三三）は独立を宣言し、国内の整備と近代化に努めた。しかし中国は東チベットのカム地方から侵略を始め、チベットを脅かした。日本がチベットと初めて直接的に接触するのはこの時期である。接触といっても、国と国との大がかりなものではなく、ほんの一握りの「探検家」たちによるものであった。もっとも知られた人々としては、河口慧海、多田等観、青木文教などがあげられる。

一九四九年に、中国共産党がほぼ中国全土を支配し、中華人民共和国が成立した。チベットは中国の一部であると宣言し、「平和解放」の名の下に、チベットの東部カムと北部アムドを、おのおの四川省、青海省に編入し、中央チベットは西蔵自治区として中国に併合・占拠された。

一九五九年三月、十四世ダライラマ（一九三五年生まれ）は、中国軍による拉致《らち》を恐れてイン

ドに亡命し、現在に至っている。彼の後を追って、十万人近いチベット人がインドに亡命した。

その後、チベットにおける中国の残忍さは、文化大革命（一九六六—一九七七）中にその極に達し、宗教は禁じられ、国内に数千あった寺院は、いくつかを除いてすべて破壊された。こうした弾圧はその後いくぶん緩和されたとはいうものの、中国による弾圧、抑圧は現在も変わることはない。チベットに残ったチベット人も、亡命チベット人も、世界各地で中国の不当な占拠を告発し、独立運動を継続している。この連綿と続く非暴力的独立運動の指導者として、ダライラマがノーベル平和賞を授与されたことは、よく知られている。

今まで見てきた中国・チベット関係という歴史的観点からして、また第二次大戦後、多くの民族国家が独立したことに鑑みても、中国によるチベットの占拠は不当以外のなにものでもない。本書に登場する尼僧の一人は次のように語っている。「私たちは中国人に刃向かおうというのではありません、私たちは、ただ真実と正義が欲しいだけです。私たちは、本来私たちのものであるものを要求しているだけです」。チベットがチベット人のものであるというこの正当な主張が、独立運動として厳しく弾圧されているところに、チベットの悲劇がある。政治的、軍事的、経済的な面からして、格段に優位に立つ中国は、その力を盾にチベット人の人権を無視してこの占拠政策を継続している。チベット人は自らの国で囚人となっている。この絶望的な状況のなかで、チベット人は勇敢にも孤独で悲壮な闘争を続けている。その象徴がガワン・サンドルであり、彼女が「チベットのジャンヌ・ダルク」と呼ばれるゆえんである。

近年中国は、中国人を数多くチベットに移民させ、チベット人をチベットにおける「外国人少数民族」化し、チベットを人種的にも中国に併合しようとしている感がある。二〇〇八年には平和の祭典オリンピックを開催しようとしている中国によるチベットの不当占拠、人権蹂躙を、世界はただ手をこまねいて見ている以外に方法がないのだろうか。

世界各国の政府は、チベット問題に関して中国に弱腰である。中国はこれから開かれようとする、十億余の人口を抱える世界最大の市場である。どの政府にとっても、その重要性はあらためて言うまでもない。中国政府の気持ちを害してまで、たかが数百万のチベット人の主張——それが如何に正当なものであろうとも——を支持することが得策ではないことは、火を見るより明らかである。

チベットがおかれた状況は、あらゆる観点からして絶望的であると言えるであろう。チベットの独立は希望のない夢のように映る。しかし、チベット人はその闘いを諦めない。そして西側先進諸国ではいくつかの人権擁護団体が、チベット支持の活動を粘り強く続けている。こうした状況の中で、日本ではチベット問題がどのように扱われているのだろうか。千年余の歴史を通じて、日本とチベットの接触は皆無に等しかった。その当然の結果として、日本人はチベット問題について無知であり、無関心である。しかし、これは果たして無関心のまま許される問題なのだろうか。

チベット民族は、チベット文明は、今まさに消滅の危機に瀕している。ガワン・サンドルはその短い半生の大半を、非暴力抵抗運動により囚われの身で過ごしている。二〇〇一年九月十一日のアメリカにおける同時多発テロは、いまだ我々の記憶に新しい。パレスチナでのテロは、まだ終結の見込みすら立っていない。こうしたテロという暴力行為そのものが横行する国際状勢のなかで、彼女の運動は新しい意味をもつであろう。超大国による専制と、それに対する「非暴力」による抵抗、これは、アジアの、そして世界の将来を考える上で非常に重要な問題である。アジアの一国である日本も、彼女に象徴されるチベット問題を、改めて真剣に考えてみる必要があるのではないだろうか。

略年表（本文および解説と関わりのある事項を中心に取りあげた）

西暦	事項
六四一	ソンツェン・ガンポ王、唐の皇女・文成公主を妃とする。
七一〇	ティデ・ツクン王、唐の金城公主を妃とする。
七五五	ティソン・デツェン王、仏教を奨励する。
七六三	チベット軍、唐の都・長安を占領、数週間続く。
	八世紀後半　大規模な仏典翻訳事業が始まる。
八二一	唐と平和条約を結び、国境が確定する。（唐蕃会盟碑）
八四二	ラン・ダルマ王、仏教を弾圧し、仏教徒に暗殺される。
	九世紀後半　チベット王国崩壊、分裂する。
一二五三	モンゴル帝国、チベット王国を侵略。
一二五四	モンゴルのクビライ、パクパに中央チベットの支配権を授与する。
一二六〇	カルマ派にチベットにおける最初の転生者が現わる。
一四一五	第一世ダライラマ法王（一三九一～一四七四）、ツォンカパの弟子となる。
一六四二	モンゴルのグシ汗、全チベットの統治権を第五世ダライラマ法王に献じる。
一六五二	ダライラマ法王、清の順治帝の招きにより北京を訪問する。
一七二八	清朝のアンバン（駐チベット大臣）二名、ラサに常駐はじまる。
一八四〇	アヘン戦争で清朝、イギリスに敗退する。
一九一一	辛亥革命が起こり、清朝倒れる。全チベットで清の官吏・兵士を追放。

一九一二	チベット独立宣言を発表する。
一九三九	第十四世ダライラマ法王（一九三五〜）即位する。
一九四五	第二次世界大戦、終結する。
一九五〇	中国、チベットを「中国の一部」と宣し、人民解放軍、東チベットに侵入する。
一九五一	中国人民解放軍、ラサに進駐する。
一九五九	ラサで民衆蜂起。ダライラマ、インドに亡命、チベット臨時政府樹立を宣言する。
一九六六	中国文化大革命起こり（〜一九七七）、多数の紅衛兵、ラサに侵入する。
一九六八	官庁・学校でチベット語の使用が禁止され、地方で民衆蜂起、チベット革命委員会が設立される。
一九七八	中国の「少数民族」政策の見直しが行なわれ、見せかけの「開放政策」が始まる。
〃	**この年末、ガワン・サンドル、生まれる。**
一九七九	中国、「信仰の自由」政策を発表、一九五九年の蜂起参加による逮捕者を釈放する。
一九八〇	チベット語の授業が再開される。
一九八七	ラサで僧侶と民衆、数百人がデモ行進。
〃	西ドイツ議会と欧州議会でチベット問題に関する緊急動議可決。アメリカ議会上下両院合同会議で「中国によるチベットでの人権侵害に関する法案」採択される。
一九八八	**ガワン・サンドル（九歳）、デモに参加し初めて逮捕されると伝えられる。**
一九八九	ダライラマ、ノーベル平和賞受賞。
〃	**ガワン・サンドルの姉リクジン・ドルカル、デモに参加し、負傷した僧侶を救う。**
一九九〇	ダライラマ、欧州議会で演説。

一九九〇	ガワン・サンドル（十一歳）、デモに参加し「自由チベット万歳」を叫び逮捕されグツァの監獄に収容される（〜一九九一）。
一九九一	ガワン・サンドルの父ナムゲル・タシ、逮捕されサンギプに収監される。
一九九二	ガワン・サンドル、チベット独立を叫び再び逮捕され、グツァに収容される。四カ月後、三年の刑を受けダプチ監獄に収容される。
一九九三	ダライラマ、国連世界人権会議で演説。
〃	欧州政治委員会、チベット政治犯の釈放要求決議を採択する。
〃	ダプチ監獄の尼僧たちが自由を歌ったテープを作成、国外に流す。これによりガワン・サンドル、六年の延刑。
一九九四	中国、漢民族のチベット移住を促す。
一九九六	ガワン・サンドル、獄中での抵抗によりこれまでに加えて八年の延刑。この頃、その名が世界に知られるようになる。
一九九八	ガワン・サンドル、監獄内でのメーデー式典における反抗によりさらに五年の延刑。二〇一四年までの収監が決まり、次回裁判にかけられれば死刑と宣告される。
一九九九	父ナムゲル・タシ、釈放される。
二〇〇〇	ヨーロッパでガワン・サンドルの釈放運動、高まる。
二〇〇一	父ナムゲル・タシ、死去。

（本年表はペマ・ギャルポ著『改訂新版　チベット入門』所収の年表より事項を抜き出し、本書中の事項を加えて編集部が作成した）

訳者あとがき

二〇〇一年九月末、パリの大型書店フナック（Fnac）でこの本を手にした。ざっと目を通して、何か感じるところがあった。買い求めて、一気に読了した。そしてこの本を、この尼僧を、彼女の闘争を日本に紹介する使命のようなものを感じた。本書は彼女の、最初にして、現時点では唯一の伝記である。それを偶然にも手にした私は、長年パリにいて、チベット関係の仕事をしている唯一ではないにしても、数少ない日本人である。そう思うと、どうしてもこの本を日本語に訳したくなった。幸いにして文体が馴染みやすかったので、下訳は三週間足らずの短期間で終えることができた。

本訳書が出版されるまでには幾人もの方の力添えを得た。

フランス語の難解な点に関しては、旧友マリカ・ル・グランさんから教示を受けた。また中国のいくつかの事柄に関しては、関西大学非常勤講師・大原良通氏にご教示いただいた。記して謝意を表したい。

NHK出版の後藤多聞氏、岩波書店の加賀谷祥子さんには、下訳の段階から興味を示していただき、いろいろとご配慮いただいた。改めてお礼申します。

東寿賀子さんには、訳稿に何度も目を通していただき、文体、訳語に関して訳稿全頁が真っ赤になるくらい多くの訂正、提案、助言を受けた。本訳文が少しでも読みやすいものになっているとすれば、彼女の努力に負うところが大である。甚深の謝意を表したい。

トランスビューの中嶋廣氏は、この訳書の出版に非常な理解と熱意を示された。氏なくしては本書の出版は不可能であったであろう。

本訳書が、チベット問題を日本に伝え、ガワン・サンドルの闘争に幾許《いくばく》かでも寄与するところがあれば、訳者としてこの上ない喜びである。

二〇〇二年三月

著者

フィリップ・ブルサール（Philippe Broussard）
1963年生まれ。ル・モンド紙のレポーター。

ダニエル・ラン（Danielle Laeng）
1955年生まれ。フランス・チベット人支援委員会のインド在住代表。

訳者

今枝由郎（いまえだ よしろう）
1947年生まれ。1974年にフランス国立科学研究センター（CNRS）研究員となり、91年より同主任研究員、現在に至る。専攻、チベット歴史文献学。著書に『ブータンに魅せられて』（岩波書店）、訳書に『ダライラマ　幸福と平和への助言』（トランスビュー）などがある。

囚われのチベットの少女

二〇〇二年五月二〇日　初版第一刷発行
二〇〇八年四月二五日　初版第二刷発行

著　者　P・ブルサール
　　　　D・ラン
訳　者　今枝由郎
発行者　中嶋　廣
発行所　株式会社トランスビュー
東京都中央区日本橋浜町二－一〇－一
郵便番号　一〇三－〇〇〇七
電話　〇三（三六六四）七三三四
URL http://www.transview.co.jp
振替　〇〇一五〇－三－四一一二七

印刷・製本　（株）シナノ

ISBN4-901510-06-1 C1023